KB025933

사회
독서,

세상을
읽는 힘

③

환
경
과

미
래

사
회

사회
독서,

세상을
읽는 힘

3

환경과 미래사회

임성미 지음

북하우스

일러두기

* 각종 통계 자료 및 수치 등은 소개한 책에서 인용한 경우를 제외하고, 현재 시점을 기준으로 최대한 가까운 시기의 데이터를 참고하여 수정했습니다.
* '친구의 글'에 있는 글쓴이의 학교와 학년 정보는 작성일 기준(2016~2017)으로 표기했습니다.

차례

"지금 아이들은 기존 세대로부터 경험과 지식을 배워 미래를 준비하는 게 불가능한 역사상 첫 세대가 될 겁니다."

이런 충격적인 말을 한 사람은 『호모 데우스』의 저자 유발 하라리Yuval Harari입니다. 역사학자 유발 하라리는 기술의 변화에 따른 인류의 미래를 예견하면서 우리가 미래를 위해 지금 무엇을 해야 하는지 말하고 있습니다. 많은 사람들이 유발 하라리의 말에 귀를 기울이게 된 것은 2016년 구글에서 만든 인공 지능 바둑 프로그램 알파고AlphaGo가 이세돌 바둑기사를 이긴 후부터입니다. '알파고 충격' 이후 어떤 교육이 필요한가에 대해 많은 논의가 일어났지요. 교육 전문가들이 내놓은 의견을 보면 크게 두 가지입니다.

첫째, 책을 읽고 생각하는 힘과 감성을 길러야 한다는 것입니다. 책을 통해 세상을 읽어내는 힘을 기름으로써 사회 변화의 급물살에 휩쓸려가지 않고 창조적인 힘을 발휘할 수 있는 강한 사람이 될 수 있습니다.

둘째, 함께 살아가는 시민 정신을 함양해야 한다는 것입니다. 인공 지능 시대가 현실화되면 일자리 정책이나 기본소득 보장 등이 사회적 과제로 떠오를 수 있습니다. 이때 토론과 합의를 통해 좋은 사회를 만들어갈 수 있는 시민 정신이 필요할 것입니다. 이런 시민 정신도 결국은 폭넓은 독서를 바탕으로 기를 수 있습니다. 그렇다면 지금 우리는 어떤 교육을 받고 무엇을 위한 공부를 하고 있을까요? 그 어느 때보다 독서의 중요성이 대두되고 있지만, 정작 우리 청소년들의 독서량과 독서력은 매우 저조합니다. 우리나라의 대학 진학률은 70퍼센트에 달하고 있지만, 어려운 글을 읽을 줄 아는 문해력Literacy은 OECD 국가 중에 최하위권이라고 합니다. 이런 결과가 나온 것은 수많은 청소년들이 시험과 입시에 필요한 문제집을 푸느라 진짜 그들의 삶에 도움이 되는 책을 읽을 시간이 없기 때문일 것입니다.

청소년들을 대상으로 강의를 할 때마다 느끼는 것은 많은 청소년들이 노동에 대해 잘 모른다는 것입니다. 이는 청소년들은 아직 어리므로 사회 문제에는 관심을 끊고 공부나 열심히 해야 한다는 어른들의 시각 때문일 것입니다. 또 학교나 가정에서 노동 인권이나 정치, 환경, 경제 등의 사회적 문제를 두고 토론하고 대안을 생각해보는 시간이 거의 없었기 때문이기도 하고요. 세월호 참사로 아들을 잃은 한 어머니의 인터뷰 기사를 본 적이 있습니다. 그분은 사건 후 1년을 보내면서 정치가 얼마나 중요한지 알았다고 말하며, 학교에서 선생님들이 학생들에게 정치에 대해 가르쳐달라고 호소했습니다. 정치란 나쁜 게 아니고 반드시 관심을 가져야 하는 것임을 가르쳐달라고 말이지요.

이런 면에서 오늘날 유능한 독자는 지식과 교양을 쌓기 위한 독서에서 나아가 사회를 이해하고 사회 문제를 해결해나가기 위한 적극적인 독서를 하는 사람입니다. 즉, 사회독서를 하는 사람이 똑똑한 독자인 것입니다. 여기 실린 글은 《한겨레신문》 토요판 〈아하! 한겨레〉에 1년간 연재한 것으로, 인권, 민주주의, 경제, 미디어, 환경, 미래 사회 등의 주제에 맞는 책들을 골라 소개한 것입니다. 소개한 책들을 직접 읽어보는 것이 가장 좋지만, 만약 여의치 않을 경우 이 책을 읽어보는 것으로도 세상을 보는 지평이 넓어지는 계기가 될 것입니다.

무엇보다 부모님과 선생님이 먼저 읽어보기를 권합니다. 책 속의 '생각 근육 키우기'에 제시된 질문과 여러 자료를 바탕으로 자녀와 대화를 나눌 수 있을 것입니다. 또 학교 선생님이라면 교과 내용과 연계하여 토론하는 시간을 가져봐도 좋을 것입니다. 자유학기제나 자유학년제를 실시하는 학교에서도 진로독서 시간에 이 책을 활용하면 진로 탐색에 도움이 될 것입니다. 사회에 대한 이해력을 키워주는 책들을 읽다 보면 사회를 바라보는 관점이 생기고, 이를 바탕으로 자신이 하고 싶은 일을 찾을 수 있습니다. 사회를 알면 진로가 보입니다.

3권은 환경과 미래 사회가 주제입니다. 여기서는 생태와 환경에 대한 지식 전달에 머물지 않고 생태 환경 문제가 우리 일상의 소비, 의식과 어떻게 연관되어 있는지 등을 사례를 들어 보여줍니다. 또 GMO에 대한 논쟁, 과다한 육식으로 인한 문제점, 원전에 대한 우려와 해결책, 종자 전쟁, 동물 복지 등에 관해 소개하고 있습니다. 특히 『살아 있는 것들의 눈빛은 아름답다』는 인간에 의해 버려지고 고통받는 동물들을 돌보는 수의사의 에세이로, 동물과 인간이 어떻게 공존할 수 있는지 등에 대해 생각해보게 합니다. 『환경에도 정의가 필요해』는 환경 문제를 해결하는 과정도 국가 권력에 의해 일방적으로 진행되어서는 안 되며 사회 정의에 기초하여야 한다는 점을 강조하고 있습니다. 이 외에도 우리가 미처 생각해보지 못했던, 그러나 우리의 삶에서 아주 중요한 문제들을 다룬 책들이 소개되고 있으니, 꼭 한 번쯤 찾아 읽어보시길 바랍니다.

2018년 4월
임성미

1부

생태와
환경

01

얼룩소 마야의
눈물

" 가축은 지각과 감정,

 고통을 아는 감각적인 존재이며,

 우리 인간에게는 가축에게 고통을 주는 행동을

 하지 말아야 할 도덕적 의무가 있다."

『생추어리 농장』

진 바우어 지음, 허형은 옮김, 책세상

북미 최대 규모의 가축 구조 및 보호 네트워크 '생추어리 농장'의 회장이자 공동 설립자
진 바우어는 공장식 축산업의 폭력적 실상을 고발하고, 끔찍한 환경에서 탈출한 동물들
이 생추어리 농장에서 어떻게 새 행복을 찾아가는지 따뜻하게 묘사한다.

동물도 감정을 느낄까?

생추어리 농장Farm Sanctuary의 족장을 맡고 있는 암소 마야의 사연을 먼저 소개하겠습니다. 마야는 태어난 지 얼마 안 된 아주 조그마한 얼룩송아지였습니다. 마야는 다우너였지요. 다우너Downer는 원래 '주저앉다'라는 뜻의 다운Down에서 나온 말로, 축산업계에서는 아프거나 다쳐서 혹은 숨이 얼마 남지 않아 땅에서 스스로 일어나지 못하는 가축을 가리키는 말로 쓰입니다. 그러다 광우병*이 사회 문제로 대두되면서 공장식 농장이나 가축 수용장에서 사육되다가 쓰러진 동물을 말하는 일반 용어가 되었습니다.

마야는 다리를 절룩거리고 걷지 못하는 상태에서 버려진 송아지였습니다. 다행히 맘씨 좋은 사람에게 발견되어 동물 병원에서 관절의 곪은 부분을 세척하는 수술을 받았지요. 마야는 극진한 보살핌을 받았고 깨끗이 나았습니다. 마야를 보살핀 맘씨 좋은 사람은 『생추어리 농장』의 저자인 진 바우어Gene Baur였습니다. 그 뒤둘은 매우 친한 사이가 되었지요. 마야는 생추어리 농장에서 무럭무럭 자라 커다란 암소가 되었습니다.

어느 날 생추어리 농장 직원들은 학대를 일삼는 시설에서 송아

• 소의 뇌에 구멍이 생겨 미친듯이 포악해지다 죽어가는 병으로, 1996년 영국 보건부장관이 광우병이 인간에게도 감염될 수 있다는 발표를 하여 충격을 주었다.

지 몇 마리를 구출해 왔습니다. 데려온 송아지들은 마야와 같은 우리에 넣었지요. 마야가 제 자식들처럼 돌봐줄 것을 기대한 것입니다. 마야는 새끼를 낳은 적은 없지만 천성적으로 모성애가 넘쳤어요. 태어나자마자 어미 품에서 떨어져 나왔던 마야이지만 제게 맡겨진 송아지들을 친자식처럼 보호하고 사랑해주었습니다.

그런데 이 송아지들을 입양 보내야 하는 상황이 벌어졌습니다. 공간이 턱없이 부족한 상황에서 마침 송아지들을 입양해 키우겠다는 사람이 나타났기 때문이지요. 입양을 보내면 송아지들도 여생을 편안히 보낼 수 있을뿐더러 도움을 필요로 하는 다른 동물들을 농장으로 데려올 수 있을 거라고 생각해서 송아지들을 보내기로 했습니다.

1980년대만 해도 동물의 감정에 대한 지식이 부족했습니다. 더 큰 실수는 송아지들을 한 번에 입양 보낸 것이었습니다. 갑자기 혼자가 된 마야는 화가 잔뜩 나버렸습니다. 하루아침에 자식을 다 빼앗겼으니까요. 마야는 드러누웠고 통곡을 해댔습니다. 어떤 것으로도 달랠 길이 없었어요.

그로부터 몇 년이 지난 후 저자가 마야를 찾아갔습니다. 마야는 다른 소 무리와 함께 지내고 있었지요. 저자가 "마야" 하고 부르자 마야가 힐끔 보더니 달려오기 시작했습니다. 울부짖으며 들이받으러 돌진한 것이지요. 마야는 저자를 울타리 밖으로 쫓아냈습니다. 마야는 단단히 화가 나 있었고 송아지들을 보낸 저자를 용

미국 뉴욕 주 왓킨스 글렌에 위치한 생추어리 농장 전경.
소, 돼지, 닭, 양, 토끼 등 800여 마리 동물들이 살고 있다.

서하지 못하고 있었던 것입니다. 게다가 저자는 바쁘다는 이유로 마야를 멀리했지요. 그래서 마야는 버려졌다는 생각을 한 것이고요.

그날의 교훈을 저자는 잊지 않았습니다. 동물도 깊은 감정을 느끼며, 다른 동물 혹은 사람과 유대를 맺을 수 있다는 것을 말이지요. 그 후 생추어리 농장 팀들은 동물의 정신세계에 대해 더 열심히 공부했고, 농장에서 다른 보금자리로 누군가를 입양 보낼 시에는 반드시 같은 종의 친구를 최소 한 마리 이상 함께 보내도록 했습니다. 다행히 마야는 다시 송아지들을 품어 키우면서 안정을 찾았고 송아지들은 다 큰 후에도 계속 마야와 가깝게 지냈습니다. 어느새 마야는 농장의 가장 나이 많은 암소이자 족장이 되었습니다.

학대받은 동물들의 안식처, 생추어리 농장

1986년 진 바우어는 가축 수용장의 사체 더미에서 간신히 숨이 붙어 있는 양 한 마리를 구출합니다. 안락사를 고려할 만큼 상태가 안 좋았던 새끼 양은 보살핌을 받으면서 빠른 속도로 회복했습니다. 진 바우어와 동료들은 양에게 '힐다'라는 이름을 지어주었지요. 이를 계기로 진 바우어는 비영리 조직 '생추어리 농장'을 설립하게 됩니다. 생추어리 농장은 가축 수용장이나 도축장, 공장식 농장에서 쓰레기처럼 버려진 동물들을 구조해 그들에게 피난처를 제공하는 일을 하고 있습니다. 또 대중들에게 동물들의 '학대받지 않을 권리'에 대해 알리는 일도 하고 있지요. 생추어리 농장은 지난 30여 년간 수천 마리의 동물을 구조하고 데려와 돌봐주었습니다.

생추어리 농장은 뉴욕 주 외곽의 전원 지역과 캘리포니아 북서쪽 올랜도 두 곳에 자리 잡고 있습니다. 생추어리 농장은 우리가 상상하는 전형적인 농장입니다. 소나 양들이 언덕에서 풀을 뜯고 있고, 헛간 근처에서 돼지들이 코로 흙을 파거나 진흙 구덩이에서 몸을 식히는 모습을 볼 수 있습니다. 먹이를 쪼거나 털을 고르거나 꼬꼬댁거리며 볕을 즐기는 암탉 무리를 수탉들은 조용히 지켜보고 있습니다. 이런 모습은 오늘날 미국의 다른 현대화된 농장들에서는 볼 수 없는 것들이지요. 특히 다른 농장들과 확연하게 다른 점은 정문에 세워놓은 표지판입니다.

"여러분은 지금 동물들의 안식처에 들어오셨습니다. 그들이 주인이고 여러분이 방문객임을 잊지 말아주세요."

생추어리 농장은 각 부지마다 헛간 10여 채와 수백만 평의 목초지를 보유하고 있으며, 모든 동물에게는 24시간 최고 수준의 보살핌을 제공합니다. 평생을 공포와 고립, 고통만이 세상의 전부인 줄 알고 살아온 동물들이 이곳에 와 난생처음 건초를 깐 깨끗하고 널찍한 헛간에서 뒹굴고, 난생처음 영양가 있는 먹이를 먹고, 난생처음 따뜻한 관심과 보살핌을 받으며 지냅니다.

진 바우어는 어떻게 이런 농장을 설립할 수 있었을까요? 어린

시절 외할머니에게 "식용 송아지들은 태어나자마자 어미와 강제로 떨어져 고개를 돌릴 수 없는 좁은 트레이트에 갇혀 평생을 보낸다"는 얘기를 듣고 충격을 받았던 진 바우어는 대학 시절 소비자 보호 운동가의 강연을 들으면서 생추어리 농장 설립의 꿈을 꾸기 시작합니다. 처음엔 제대로 된 공간도 없이 록밴드 콘서트 투어를 따라다니며 베지버거를 팔아 번 돈으로 농장의 운영비를 충당했지만, 취지에 공감한 후원자들과 봉사자들이 늘고 농장의 활약상이 널리 퍼져나가면서 진짜 농장을 마련할 수 있게 되었습니다. 이제는 미국에서 가장 큰 규모의 가축 구조 및 보호를 위한 중심 센터로 성장했지요.

생추어리 농장을 설립한 진 바우어.

동물을 사랑하는 것이 우리의 생명력을 잃지 않는 일

진 바우어는 말합니다. 동물이 아프면 결국 인간도 아프다는 것을요. 지금과 같은 공장식 축산업은 단순히 동물만이 아니라 사람도 파괴합니다. 도살장에서 일하는 노동자들의 삶도 피폐해집니다. "도축실은 사람을 이상하게 만든다. 그 흥건한 피와 반복적인 살생에 노출되는데 사람이 멀쩡할 리 없다. 그곳에서 오래 일할수록 점점 더 폭력적으로 변해갔다. 인생이 무의미해졌다. 다른 사람들의 인생도 무의미하게 느껴졌다." 도살장 노동자의 증언입니다.

진 바우어는 똑같이 생긴 집이 층층이 쌓여 있는 아파트 밀집 지역을 볼 때마다 집단 가축 사육장이 떠오른다고 말합니다. 집집마다 설치된 위성 안테나가 텔레비전 광고와 자극적인 프로그램을 주입시키는 정맥 주사처럼 보인다는 것입니다. 우리 모두 케이지에 갇혀 살면서 인공 각성제에 마비된 채 살찌고 병들어가다가 결국 퇴출되는 신세가 아니냐고 말이지요.

그러므로 우리 인간도 산업 사회의 생산 라인으로 살면서 잊어버렸던 동물적 본성을 이제 되찾아야 한다고 주장합니다. 그는 동물에게서 그런 활력을 배울 수 있다고 말합니다. 그는 생추어리 농장에 온 동물들을 볼 때마다 생을 즐길 줄 아는 그들의 능력에 놀란다고 합니다. 동물들은 우리에게 삶의 단순한 것들이 주는 즐거움과 현재를 누리는 기쁨을 가르쳐준다는 것이지요.

"농장의 동물들은 아무도 혼자 고립되어 있지 않습니다. 아무리 특이한 성격이라도 참아주고 같이 어울려 놀아주는 동료가 한둘은 꼭 있습니다. 농장의 동물들은 공기의 냄새를 맡고, 땅에서 뒹굴고, 코로 흙을 파고, 못에서 물장구를 치면서 자연과 함께 살아가지요."

생각 근육 키우기

1. 저자는 가축을 집단 사육하는 공장식 농장의 문제점을 지적하면서, 인간이 동물을 도살하고 먹는 것이 인간의 본성이라는 고정 관념이 과연 옳은지 묻고 있습니다. 옳은 것이라면 어디서 비롯된 사고방식인지 생각해보세요. 옳지 않다고 생각하면 그 이유를 말해보세요.

…>

도움말) 인간이 동물을 먹는 것을 당연하다고 생각하는 사람들은 인류가 오랫동안 고기를 섭취해왔음을 이유로 듭니다. 동물성 단백질이 건강을 위해 꼭 필요하다는 논리도 내세우지요. 인간이 다른 동물보다 우월하므로 동물을 사육하고 먹어도 된다고 말하기도 합니다. 하지만 불교를 비롯한 힌두교, 자이나교 등은 종교적인 이유로 채식을 권하기도 합니다. 아메리카 원주민들은 동식물을 인간의 형제자매라고 말하며 꼭 필요한 경우가 아니면 동물을 함부로 죽이지 않았지요. 그런가 하면 채식을 주장하는 사람들은 육식을 하지 않아도 건강을 유지하는 데 문제가 없으며, 오히려 육식으로 인해 성인병이 늘고 있다고 말합니다. 여기에 현대에 와서는 생존을 위해 육식을 하는 것이 아니라 고기 자체를 즐기는 사람이 낳아시면서 대량 기축 사육으로 인한 문제적들이 사회 문제가 되고 있습니다.

2. 학대받은 동물들, 공장식 사육 방식의 문제점, 건강과 환경에 대한 관심이 커지면서 자발적으로 채식주의를 선택하는 사람들이 늘고 있다고 합니다. 아래는 채식주의자의 유형을 정리한 것입니다. 채식을 개인의 신념과 철학으로 여기고 실천하는 사람들을 주변에서 찾아보고, 채식주의에 대한 본인의 생각을 정리해보세요.

베지테리언Vegetarian	세미 베지테리언 semi Vegetarian
• 비건Vegan : 엄격한 채식주의자. 육류와 어류를 포함한 달걀, 유제품, 꿀 등 동물에게서 얻는 것의 섭취를 일절 금한다. 동물 가죽으로 만든 제품들도 사용하지 않는 사람도 있다. • 오보Ovo : 달걀은 허용하지만 육류, 생선, 해물, 우유, 유제품은 허용하지 않는다. • 락토Lacto : 우유와 유제품은 허용하지만 육류, 생선, 해물, 달걀은 허용하지 않는다. • 락토 오보: 달걀, 우유, 유제품은 허용하고 육류, 생선, 해물은 허용하지 않는다.	• 페스코Pesco : 우유, 달걀, 어류는 섭취하되 육류, 가금류는 먹지 않는다. • 폴로Pollo : 우유, 달걀, 조류, 어류는 섭취하되, 돼지고기와 소고기는 먹지 않는다. • 플렉시테리언Flexitarian : 평소에는 비건으로 생활하지만 상황에 따라 육식을 하는 유형이다.

····>

도움말) 유엔환경계획에 따르면, 공장식 축산업이 배출하는 이산화탄소량은 전체 배출량의 18퍼센트를 차지하고, 지구상에서 생산되는 곡물의 3분의 1이 가축 사육에 소비됩니다. 빌 클린턴 전 미국 대통령은 재임 시절 고기를 즐겨 먹다가 퇴임 후 심장 수술을 두 번 받은 후 완전한 채식주의자가 되었습니다. 비틀스의 멤버인 폴 매카트니는 낚싯바늘에 걸린 물고기를 본 후 생명의 애처로움을 느껴 채식주의자가 되기로 결심했다고 합니다.

유럽 의회는 "일주일에 하루 채식을 하면 기후 변화를 늦출 수 있다"는 캠페인을 벌이는가 하면, 미국 뉴욕 시는 매주 월요일을 '고기 없는 날'로 정해 실천하고 있습니다. 그 밖에 유럽의 여러 도시가 일주일에 하루를 채식의 날로 지정하고 있고, 우리나라도 서울시가 관공서와 기업 급식소에 채식의 날을 운영하도록 장려하고 있습니다. 이 외에도 세조 과정에서 돈물 실험을 하지 않은 샴푸, 비누, 치약, 화장품 등 비건 제품을 쓰자는 운동도 확산되고 있습니다.

				친	구	의		글					

이 책의 주인공은 사람이 아니라 사람에게 버림받은 동물들이다. 그 가운데 돼지 '수지' 이야기가 가장 기억에 남는다. 수지는 한 농장 주인이 버리고 간 128마리 돼지들 가운데 하나로 네 마리의 새끼와 함께 구조된 암돼지였다. 생추어리 농장 사람들은 일단 몸집이 큰 수지와 새끼들을 각각 다른 축사에 격리해두었다. 그런데 어느 날 새끼 네 마리를 입양 보내기 위해 축사에서 꺼내자 그 순간 새끼 한 마리가 발버둥치더니 쏜살같이 어미 수지가 있는 축사로 달려갔다. 사람들이 새끼를 꺼내려고 하자 수지가 무섭게 달려들며 막았다. 오랜 씨름 끝에 간신히 새끼들을 데리고 갈 수 있었다.

한 달 후 새끼들을 입양해간 농장 주인이 수지도 입양하기로 하고 360킬로그램이나 되는 수지를 데리고 갔다. 사람들은 수지가 매우 사나우므로 새끼들과 격리하도록 충고했다. 그런데 농장 주인이 다음 날 아침밥 줄 시간에 새끼들 축사에 가보니 새끼들이 모두 없었다. 놀랍게도 새끼 네 마리는 어미 수지 품에 파고들어 잠을 자고 있었다. 새끼 돼지들이 있던 우리와 어미 수지가 있던 우리에 구멍이 뚫렸던 것이다. 수지의 공격성은 새끼를 빼앗긴 어미의 비통함에서 나온 것이었다.

책의 저자 진 바우어는 피부 가죽만 벗겨내면 동물과 우리는 다 똑

같은 존재라고 말한다. 어미 돼지 수지의 모성애와 사람의 모성애는 크게 다르지 않다. 동물들도 아픔을 느끼고 때로는 고통 속에서도 생명력을 잃지 않는다. 그런데 이렇게 생생하게 감정이 살아 있는 동물을 사람들은 학대하고 버리는 것이다. 과연 인간이 동물들보다 더 우월하다고 말할 수 있을까?

과도한 육식 문화 때문에 대량으로 가축이 사육되고 그 과정에서 동물들이 학대를 받고 고통스럽게 죽어간다. 육식을 아예 안 하는 것은 어렵지만 줄여나가야 한다고 생각한다. 우리 한 사람 한 사람이 육식을 덜 한다면 동물들도 덜 고통을 받을 것이다. 앞으로 고기를 먹어야 할까 고민할 때마다 『생추어리 농장』에서 본 많은 동물들이 떠오를 것 같다.

_성현석(성남고등학교 2학년)

이스터 섬의
비극

"우리한테 무슨 죄가 있죠?

지구 온난화를 일으킨 건 잘사는 선진국들인데,

그 피해는 왜 가난한 우리가 몽땅 뒤집어써야 합니까."

『환경에도 정의가 필요해』

장성익 지음, 어진선 그림, 풀빛

자본주의적 힘의 논리로 촘촘히 얽힌 전 지구적 환경 문제를 밝힌다. 생태계의 위기, 기후 변화, 에너지 위기, 먹거리 문제 등 환경 문제의 원인과 해결의 실마리를 찾아보고, 지속 가능한 해법을 제공한다.

모아이 석상의 비밀

1722년 4월 어느 네덜란드 탐험가가 태평양에서 이상한 섬을 만납니다. 오랫동안 불가사의한 신비의 섬으로 알려졌던 이스터 섬입니다. 섬의 이름이 이스터Easter인 이유는 그 섬을 발견한 날이 부활절이었기 때문이지요. 나무라고는 찾아보기 힘든 황량한 섬에는 2,000명 정도의 주민이 살고 있었습니다. 그들은 갈대를 엮어 만든 오두막이나 동굴에서 야만적인 원시인처럼 살고 있었지요. 그런데 탐험대를 깜짝 놀라게 한 것이 있었습니다. 그 황폐한 섬 곳곳에 수준 높은 기술이 아니고선 만들 수 없는 거대한 석상이 있었기 때문입니다. 바로 '모아이'라고 불리는 석상으로, 큰 것은 길이가 20~30미터, 무게가 최고 270톤에 이른 것도 있었습니다.

600개가 넘는 거대한 모아이 석상을 두고 처음에 사람들은 외계인이 만든 것일지도 모른다고 말했습니다. 그 이유는 이 섬이 육지로부터 수백 킬로미터 떨어져 있어서 육지에서 거대한 돌을 옮겨 왔다고 볼 수는 없었기 때문입니다. 곧 고고학자를 비롯한 여러 분야의 학자들이 이 섬에 대해 연구를 하기 시작했습니다. 그리고 첫 발견 이후 250년이 지나 드디어 모아이 석상의 비밀이 드러났지요.

연구 결과, 이 섬의 원주민은 동남아시아계 폴리네시아 사람들로, 5세기 무렵부터 이 섬에 살았습니다. 면적이 168제곱킬로미터 정도 되는 이 섬은 아열대 기후에 땅도 비옥했고 울창한 숲을 이

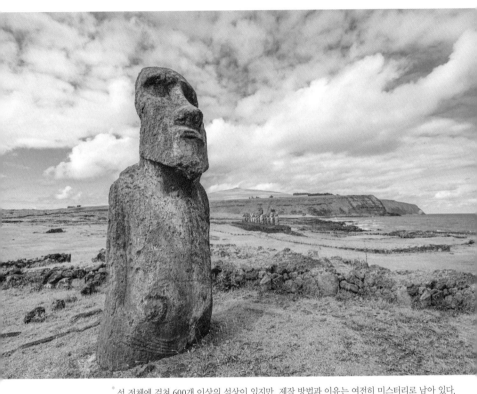
섬 전체에 걸쳐 600개 이상의 석상이 있지만, 제작 방법과 이유는 여전히 미스터리로 남아 있다.

루고 있었습니다. 그야말로 파라다이스였지요. 인구가 한때 7,000명에서 2만 명에 이르렀는데, 사람들은 야자나무로 카누를 만들어 바다로 나가 고래와 바다표범을 사냥했고, 또 섬에 살던 새들을 사냥하여 다양한 요리를 해먹었습니다. 이곳은 태평양에서 새들이 번식을 가장 많이 했던 곳이기도 했지요.

석상을 만든 과정도 밝혀졌습니다. 석상은 1200년대와 1500년대 사이에 세워졌습니다. 각 씨족들이 부와 힘을 자랑하기 위해 경쟁적으로 화려한 석상을 세웠습니다. 당시 20명이 돌로 만든 조각칼로 1년 정도 일하면 가장 큰 석상을 만들 수 있었습니다. 수레도 없고 큰 동물도 없었기 때문에 사람들은 무겁고 큰 돌을 운반하기 위해 나무를 베었습니다. 수백 명의 사람들이 한 팀이 되어 석상을 나무 썰매에 실을 수 있었고, 나무로 만든 매끄러운 굴림대에 의지해 운반할 수 있었습니다. 하나의 석상을 운반하고 쌓아 올리려면 수백 미터의 굵은 밧줄이 필요했고, 이 역시 나무를 베어서 만들었지요. 결국 숲이 급속도로 파괴되기 시작했습니다.

사람들이 밭을 만들고, 불을 지피고, 카누를 만들고, 석상을 만들기 위해 나무를 베어내자 샘과 시내는 메마르고 섬에 살던 토종 새들도 사라졌으며, 바닷새도 많이 줄어들어 주린 배를 채울 식량을 찾아 헤매야 했습니다. 카누를 만들 수 없으니 고래도 더 이상 잡아먹을 수 없었습니다. 숲이 파괴되자 흙도 햇볕에 말라 농작물의 수확량도 줄어들었지요. 사람들은 급기야 사람까지 음식으로 탐하게 되었습니다. 여기에 부족 간 전쟁이 심해지면서 인구가 급격히 줄어들었고 사람들은 적들의 공격을 피해 동굴 생활을 했습니다.

지구의 오래된 미래

과연 이스터 섬의 사람들은 숲이 파괴되고 사회가 망가지고 있다는 것을 몰랐을까요? 마지막 야자나무를 베어낸 사람은 무슨 생각을 했을까요? 아마 그들 중 누군가는 경고했을 수도 있습니다. 더 이상 나무를 베어내지 말자고, 석상을 그만 만들자고 말이지요. 하지만 소수의 의견은 권력을 가진 사람들에 의해 묵살되었을 것입니다. 늘 그랬듯이 숲의 나무는 또 생길 거라고 큰소리쳤겠지요. 어쩌면 알면서도 끝까지 자신들의 권력을 포기하지 않았을 수도 있고요. 어떤 사람들은 섬의 몰락 과정에 무관심했거나 당장 눈에 보이지 않으니 무시했을 것입니다. 재앙은 몇 십 년에 걸쳐 서서히 진행되기 때문에 막상 일이 터지기 전까지는 모를 수도 있습니다.

많은 이들이 이스터 섬의 비극에서 교훈을 얻어야 한다고 말합니다. 열대 우림의 파괴와 해수면의 상승, 연료의 고갈, 농지의 사막화 등 지구의 여러 문제들을 인식하면서도 이를 고치려고 하지

이스터 섬의 공식 명칭은 이슬라 데 파스쿠와Isla de Pascua이며, 섬 주민들은 라파누이라고도 부른다.

않는다면 우리도 이스터 섬 사람들처럼 몰락할 수 있다는 것입니다. 이스터 섬의 권력자들이 부와 힘을 과시하려고 석상을 만들었을 때 사람들이 모두 힘을 모아 적극적으로 반대했다면 섬은 몰락하지 않았을 수도 있었겠지요. 그들은 환경 문제를 배울 만한 책이나 역사 기록이 없었습니다. 하지만 우리는 이스터 섬 사람들과는 다릅니다. 문제의 원인이 무엇인지, 어떻게 해결할지도 알고 있습니다. 그러므로 비극을 막을 수 있는 것이지요.

환경에 왜 정의가 필요할까?

아마 『환경에도 정의가 필요해』라는 제목을 보고 대체 환경과 정의가 어떤 관계인 것인지 궁금했을 것입니다. 환경 정의라는 말은 말 그대로 환경 분야에서 정의와 평등을 실현한다는 뜻입니다. 만약 이스터 섬 사람들이 자신들의 권리를 찾기 위해, 다음 세대를 위해 기득권 세력에게 적극적으로 저항했다면 비극을 막을 수 있었을지도 모릅니다. 그것이 곧 환경 정의를 위한 일입니다.

또 환경 정의는 환경 보전의 혜택을 누리고 환경 오염의 피해를 나누는 일이 공정하고 평등해야 한다는 뜻이기도 합니다. 원자력 발전소, 쓰레기 매립 시설이나 송전탑, 화장터 같은 위험하고 해롭다고 여기는 시설을 지을 때에는 해당 지역 주민들에게 충분히 설명하고 동의를 구해야 한다는 말입니다. 혹시라도 이런 시설을 사회적으로 힘없는 계층이 사는 지역에 일방적으로 세워서는 안 된다는 것이지요. 그래서 사회학자 울리히 베크Ulrich Beck는 『위험사회』에서 현대는 부의 분배보다도 위해 물질의 분배가 더 중요하다고 말하기도 했습니다.

환경 정의 운동이 가장 먼저 시작된 곳은 미국입니다. 1970년대 중반 가난한 흑인들이 사는 지역의 대기 오염이 백인이 살고 있는 지역보다 훨씬 심하다는 연구 결과가 발표되면서 관심을 끌기 시작했습니다. 그러다가 1980년대 몸에 해로운 폐기물 처리장이 흑인을 비롯한 소수 인종이 사는 저소득층 지역에 편중되었다는 사실이 확인되면서 환경 정의에 관한 목소리도 높아졌습니다. 특히 1982년 미국 동부 노스캐롤라이나 주에서 유독 물질을 처리하는 쓰레기 매립장이 들어서는 것을 반대하는 흑인 주민들이 500명이나 체포되는 사건이 벌어졌습니다. 1985년에는 거대한 화학 공장에서 분출된 유독 물질로 흑인들이 사는 마을의 주민 130명이 병원에 실려 가는 사태가 벌어졌지요. 이런 일들이 쌓이면서 사람들의 분노가 점점 커졌고 환경 정의 운동이 활발해졌습니다. 결국 미국 정부는 정책을 만들고 실행하는 데 환경 정의의 원칙을 중요하게 여기기 시작했고, 정부 부처인 환경청에 '환경정의국'을 두기에 이르렀답니다.

앞에서도 얘기했듯이 원자력 발전소나 송전탑 건설 문제는 환

원자력 발전소, 송전탑, 폐기물 처리장 등 기피 시설의 설치는 환경 정의의 관점에서 다루어져야 한다.

경 정의와 관련이 깊은 사회 문제입니다. 원전 주변의 지역 주민들은 원전 사고와 방사능 누출 위험에 대한 불안을 안고 살아갑니다. 밀양 송전탑의 경우도 마찬가지입니다. 송전탑이 지나가는 지역은 땅값이 떨어지고 농사를 망칠 뿐 아니라 전자파로 인해 건강을 해칠 수 있습니다. 다른 지역에 전기를 보내는 송전탑으로 인해 인근 주민이 희생과 고통을 당하는 것입니다. 다수를 위해 희생하고 있는 것이지요. 사실 전기를 펑펑 쓰면서 혜택을 누리고 있는 사람들이 위험도 떠안는 게 맞지요. 과연 어떻게 하는 것이 환경 정의를 실현하는 일일지 고민해봐야 할 것입니다

저자는 책에서 "지구적으로 생각하고 지역적으로 행동하라!"는 환경 운동의 구호를 인용하고 있습니다. 눈은 세계로 향하되 행동과 실천은 우리가 발 딛고 살아가는 구체적인 현실에서 시작해야 한다는 뜻입니다. '나 혼자서 행동한다고 달라질 게 있을까'라는 의심은 버리고, 세상의 변화는 나로부터 시작한다는 것을 믿으라고 말합니다.

1. 4대강 사업이나 밀양 송전탑, 원전 및 핵폐기물 처리장 건설 등도 국
   가가 공권력을 내세워 강행 추진하는 과정에서 지역 주민들과 마찰
   을 빚기도 했습니다. 이런 상황에서 여러분이 환경 정의를 실천하
   는 사람이라면 어떻게 갈등을 중재하고 해소할 수 있을지 생각해보
   세요.

> ....>

도움말) 울리히 베크라는 사회학자는 『위험사회』에서 현대는 부의 분배보다도
위해 물질의 분배가 더 중요하다고 말하고 있습니다. 그는 일부 전문가 집단과
기업이 과학 지식을 독점하고 있는 지금의 과학 기술 체계 과정에 일반 시민들
이 비판적으로 개입하고 목소리를 낼 수 있어야 한다고 주장합니다. 모두가 시
민과학자가 되어 환경 문제에 동참해야 한다는 것이지요. 이런 문제에 대해 목
소리를 내려면 우선 사건이 일어난 정확한 이유와 일의 진행 과정을 알아야 합
니다. 또 같은 사건을 두고 왜 과학 기술 전문가들의 의견이 대립하는지도 살펴
보아야 합니다. 어떤 전문가들은 정의를 원칙으로 하지 않고 자신의 이익을 위
해 권력의 편에 서기도 합니다. 4대강 사업 때 어떤 환경 전문가는 사업을 반대
하다가 정부 측 인사로 발탁되면서 갑자기 찬성으로 돌아선 일이 있었습니다.

2. 아래는 다른 의견을 말하고 있는 신문 기사입니다. 기사를 읽고 이 스터 섬의 진짜 비밀과 교훈은 무엇일지 생각해보세요.

하와이 대학의 테리 헌트 등 연구진은 사이언스 최신호에 실린 연구 보고서에서 이스터 섬에 사람의 발이 처음 닿은 시기는 1200년경이 며 이들은 도착 즉시 거석상들을 세우기 시작했고 이에 따라 숲 등 자연 파괴가 불가피하게 뒤따랐다고 주장했다. (중략) 이들은 유럽 인들이 처음 섬에 도착했을 때 살고 있던 수천 명은 한때 융성했던 거대 문명의 생존자들이 아니라 섬이 원래부터 먹여살릴 수 있었던 최대한의 인구였을 것이라고 추정했다. 연구진은 "문명의 붕괴 같은 건 애초에 없었을 가능성이 크다. 500년 사이에 인구가 그처럼 늘어 났다고 믿을 만한 이유가 없다"고 지적했다.

이들은 또 섬 주민들이 자멸을 초래했다는 가설에 대해서도 그보다 는 유럽인들이 병을 옮기고 주민들을 노예로 삼아 끌고 갔을 것이며 이와 함께 폴리네시아인들과 함께 섬에 상륙한 쥐떼가 급속히 불어 난 것도 몰락을 부추겼을 것으로 추정했다. 연구진은 "원주민들이 미쳐서 자멸의 길로 빠져 들었다는 가설은 선교사들이 꾸며낸 이야 기일 가능성이 크다"고 주장했다.

헌트는 천적이 없는 섬에서 살게 된 쥐떼가 1200년에서 1300년 사 이에 2,000만 마리로 불어났음을 보여주는 증거가 있다면서 쥐들이 섬의 야자 씨를 먹어치워 야자나무들이 사라졌으며 그 후 쥐의 수 는 100만으로 떨어졌다고 말했다. 연구진은 이스터 섬 문명의 자멸 설은 고고학적 증거에 기반을 둔 것이 아니라 "인간이 자연을 망친다"는 20세기 서구 사회의 심리적 인습을 반영하는 것이라면서 "인간이 생태계에 끔찍한 행동을 하고 있는 건 분명하지만 이스터 섬에 관한 가설들은 있지도 않은 과거사까지 만들어낸 것"이라고 비판했다. (《연합뉴스》 2006년 3월 14일자)

····>

도움말) 먼저 이스터 섬에 대한 여러 자료들을 살펴보세요. 그리고 학자들의 견해가 다른 이유를 알아보고, 자기 나름대로 관점을 세워 의견을 정리해보세요.

이스터 섬 사람들은 종교적 의식을 치르고 그 기념물을 만들고 옮기느라 수많은 나무를 베어냈다. 거기에다 서로 조각상 세우기 경쟁까지 벌어졌으니 남아날 숲이 없을 수밖에……. 우리가 잘 알고 있는 '모아이 석상'이 바로 그 잔해물이라니 너무나 놀라웠다. 한때는 특이하고 수준 높은 거석 문화를 꽃피웠던 섬이 무분별한 환경 파괴와 자원의 낭비가 어떤 비극을 낳는지 가르쳐주는 교훈으로 남았다.

무분별한 환경 파괴의 피해는 식물에만 있는 게 아니다. 동물도 많은 피해를 입는다. 예컨대 고릴라의 피해는 교과서에 나올 정도로 심해지고 있다. 누구나 들고 다니는 휴대폰에는 콜탄이라는 부품이 쓰이는데, 콜탄은 고릴라 보호 구역이 있는 아프리카 중서부의 콩고에 많이 있다. 콜탄을 가지려 땅을 마구잡이로 파서 콩고 열대 우림 지역을 파괴하고 있다. 인간들이 자신의 편의를 위해 더불어 살아야 하는 다양한 생물들을 살 수 없게 한다는 건 분명히 다시 인간에게 부메랑이 되어 돌아올 것이다.

우리나라가 북한과 통일을 해야 한다고 말하는 매체들 중에는 북한의 지하자원이 풍부하기 때문에 더 많은 돈을 벌 수 있다고 말한다. 하지만 지하자원은 활용할 수 있는 한 가지 좋은 점이지, 통일의 목적이 되어서는 안 된다. 우리 민족이 다 함께 살아가는 것, 하나의 나라로 살 때 발전할 수 있는 국력을 바라보아야 한다. 통일이 되더라도 북한의 지하자원을 마구잡이로 사용하지 말았으면 좋겠다.

우리는 지구의 모든 것이 무한하다고 생각하는 것 같다. 하지만 지구는 지금 경고하고 있다. 지속 가능한 대안을 찾아야 한다. 일부 사람들은 원자력 발전이 온실가스를 내뿜지 않는다고 좋아한다. 하지만 일본의 후쿠시마처럼 한 번 터지면 되돌릴 수 없는 피해가 일어난다. 그러니 태양열이나 풍력, 지열, 조력, 바이오에너지 등과 같은 친환경 에너지를 개발해야 한다. 또, 사람과 자연을 모두 살리는 먹거리를 찾아야 한다. 화학 비료와 농약을 사용하지 않는 유기농 먹거리는 자연을 파괴하지 않을뿐더러 건강도 해치지 않는다. 유기농은 무엇보다 지속 가능성과 작물 다양성을 중요시한다. 또한 메탄가스를 유발하는 육류에서 곤충으로 바꿀 필요성도 있다.

지구라는 작은 별에 살고 있는 우리는 각자 조금씩 힘을 모아 노력해야 한다. 얼마 전 세계의 많은 나라들의 노력으로 오존층의 구멍이 작아졌다는 기사를 보았다. 이처럼 우리는 지구를 다시 살릴 수 있는 힘이 있다. 희망이 있다. 작은 노력들이 모인다면 큰 결과가 되어 우리 앞의 미래에는 더욱 행복한 삶이 기다리고 있을 것이다.

_신소민(양강중학교 1학년)

뒷산에 살던 붉은여우는
어디로 갔을까?

"지금 미래를 확신할 수 없는

야생 동물의 현실은

사람의 미래를 비추고 있는

거울일지도 모른다."

『여우와 토종 씨의 행방불명』
박경화 지음, 박순구 그림, 양철북

지구상에서 사라지는 생물 종 이야기. 전 세계에서 멸종되는 동식물은 해마다 2만 5,000~5만 종에 이른다. 인류가 나타난 이래로 빠른 속도로 진행되고 있는 멸종 문제를 다루고, 인간과 다른 모든 생명체 간의 공존 방법을 찾아본다.

여우가 사라진 자리

우리나라에 여우가 살았다는 것을 알고 있는 사람이 얼마나 될까요? 우리나라 여우는 털빛이 붉거나 누런색으로 전 세계에서 가장 넓은 지역에 살고 있는 붉은여우입니다. 1960년대까지도 동네 가까운 야산에서 여우가 번식할 정도로 꽤 자주 볼 수 있었지요. 그 많던 여우는 모두 어디로 갔을까요?

『여우와 토종 씨의 행방불명』의 저자 박경화 선생님에 따르면, 여우를 쫓아낸 것은 바로 사람입니다. 사람들이 쥐잡기 운동을 벌이면서 집집마다 쥐약을 많이 놓았는데, 그 쥐약을 먹고 죽은 쥐를 다시 여우가 먹으면서 점점 수가 줄기 시작했다고 해요. 또 야산에 뿌린 독극물에 중독된 꿩과 고양이, 개를 먹고 죽기도 했고, 개발 사업이 계속되면서 서식지도 줄어들었지요.

또 다른 원인은 모피와 여우 목도리 때문입니다. 1960년대까지 여성들 사이에 여우 목도리가 크게 유행했어요. 귀부인들이 부를 과시하기 위해 한복이나 정장 위에 여우 목도리를 둘렀거든요.

지금도 세계 곳곳에서는 수많은 여우들이 모피 때문에 희생되고 있습니다. 모피를 얻기 위해 사육되는 여우의 생활 공간은 0.5 세제곱미터인데, 이것은 가로, 세로, 높이가 각각 1미터인 작은 상자의 4분의 1에 해당하는 공간입니다. 움직임이 적어야 털이 부드러워지기 때문이라고 하네요. 여우는 이렇게 좁고 어두운 공간에

2012년 국립공원관리공단은
토종 여우를 야생에서 되살리기 위한 종 복원 사업을 시작했다.

간혀 7년을 살아야 합니다. 도살될 때도 털가죽을 통째로 얻으려고 전기 감전을 시킵니다.

밍크와 너구리, 친칠라, 토끼같이 모피를 얻기 위해 사육되는 다른 동물들도 마찬가지입니다. 모피 코트 한 벌을 만들기 위해서는 여우 20마리, 밍크 70마리, 친칠라 200마리가 죽어야 합니다. 더 끔찍하고 경악할 만한 일은 더 좋은 품질의 모피와 가죽을 얻기 위해 어미 뱃속에 있는 새끼를 죽이기도 한다는 것입니다. 최고급 모피를 자랑하며 입고 다니는 사람들은 그 모피가 이렇듯 잔인한 과정을 거쳐 만들어진 것임을 과연 알고 있을까요?

저자는 말합니다. 사람이 저마다 이 세상에 태어난 까닭이 있듯, 동물 역시 생태계에서 제 몫이 있다는 것을요. 그 질서가 흐트러지면 자연 생태계에는 반드시 문제가 생긴다는 사실을 말이지요. 여우는 전염병을 옮기는 들쥐를 잡아먹고 동물의 시체를 처리해 자연 생태계를 깨끗하게 청소하는 구실을 했습니다. 여우가 사라지자 산과 들에는 들쥐가 많아졌어요. 들쥐는 사람에게 전염병을 옮기고 농사지은 곡식을 갉아먹습니다. 사람들은 또다시 들쥐를 잡기 위해 골머리를 앓고 있고요. 저자는 묻습니다. 여우 목도리가 꼭 필요했을까? 우리에게 모피 코트가 필요할 만큼 겨울 추위가 그리 매서울까? 꼭 동물의 목숨을 빼앗은 천연 가죽 제품을 신고 입어야 할까?

남의 손에 넘어간 종자 주권

사라진 것들은 동물뿐만이 아닙니다. 오랫동안 우리 땅에서 살아온 토종 씨들도 사라지고 있습니다. 이 책에서 새롭게 알게 된 놀라운 사실이 있습니다. 우리나라에 1,500종이 넘는 토종 벼가 있었다는 것입니다. 그러니까 무려 1,500가지 밥맛이 있었다는 것이지요. 토종이란 조상 대대로 우리 땅에서 자연의 기운을 받고 온갖 시련과 고난을 겪으면서 우리 기후에 맞게 진화해온 종자를 말합니다. 그래서 웬만한 질병에도 면역이 생겨서 농약 없이도 잘 자라고 건강한 열매를 맺습니다.

그런데 그 많던 토종 벼들은 다 어디로 갔을까요? 1970년대 경제 성장을 앞세운 산업화 이후 급격하게 줄었다고 합니다. 농부들이 종묘상*을 통해 개량종 씨앗을 구입하여 심었기 때문입니다. 개량종 씨앗은 수확량이 많고 일찍 수확할 수 있습니다. 열매도 크지요. 농부들 입장에서는 많이 수확해서 좋은 값에 팔아야 자식들 학교도 보내고 생활도 할 수 있기 때문에 개량종 씨앗을 선택했을 것입니다. 그런데 개량종은 특정한 병에 강하게 개량된 것인데, 그 병에는 강할지 모르지만 자가 치유력이 없어서 다른 병에는 아주 약하고 금방 전염이 되어 퍼집니다. 그래서 농약과 화학 비료가

---

* 농작물의 씨앗이나 묘목을 사고파는 곳.

필요하지요.

개량종 씨앗의 또 다른 특징은 불임이라는 것입니다. 다국적 회사에서 개발한 종자 가운데 '터미네이터 종자'가 있는데 이것은 유전자 조작을 통해 아예 싹이 트지 않게 만들어졌습니다. 그래야 농부들이 해마다 종자를 구입할 테니까요. 저자의 표현에 의하면 터미네이터 종자는 생식 능력을 스스로 제거한 자손, 즉 '자살 씨앗'입니다. 다음 세대의 씨앗이 스스로 독소를 분비해 죽도록 만든 것인데, 씨앗을 판매하기 직전에 화학 물질로 씨앗에 자극을 주면 2세 씨앗이 성숙하는 시기에 독소가 분비되어 씨앗을 죽이는 것이랍니다. 또 자신의 회사에서 만든 특정한 농약을 뿌려야만 싹이

트도록 유전자를 조작한 '트레이터 기술'도 있고, 종의 경계를 넘어 마구잡이로 종을 섞는 '유전자 조작 종자'도 있다고 합니다.

여기에 더 큰 문제는 이런 다국적 종자 회사가 씨앗을 독점해 지식 재산권을 행사하고 있다는 점입니다. 1997년 IMF 구제금융 때 외국 회사에서 우리나라 종자 회사를 인수했습니다. 종자 주권이 남의 손에 넘어간 것이지요. 이미 우리나라 종묘 시장의 약 50퍼센트가 외국 업체에 점유되어 있다고 합니다. 2015년 농촌진흥청이 발표한 자료에 따르면, 2010년부터 5년간 우리나라가 외국에 지급한 농작물 로열티는 819억 원에 달했습니다. 반면 같은 기간 우리나라가 외국으로부터 받은 로열티는 3억 2,000만 원에 그쳤습니다. 이대로 가면 2020년에는 해외 종자의 로열티 지급액이 7,900억 원 규모로 급증할 것이라고 합니다.

여기에 우리나라 고유의 토종 씨앗이 매우 빠른 속도로 사라지고 있습니다. 우리 토종 씨앗을 연구하고 수집하는 농촌진흥청 박사님이 1985년부터 전국의 두메산골과 사찰, 섬 구석구석을 돌아다니면서 토종 종자를 수집했다고 합니다. 그런데 1985년에 토종 종자를 처음 수집했던 곳을 1993년에 다시 찾아가서 살펴보았더니 그 사이에 74퍼센트가 사라졌고 7년 뒤에 다시 가보니 12퍼센트만 남아 있었습니다. 이 책의 저자는 토종 씨앗이 없어지는 것은 농촌의 문제가 아니라 도시 소비자의 책임도 크다고 강조합니다. 도시 사람들이 크고 보기 좋은 농산물과 익숙한 맛만 찾는 바람에 농민들도 토종 씨앗을 점점 멀리하게 된 것이지요.

종자 주권이 곧 식량 주권임을 강조하는 저자는 우리 땅에서 다양한 씨앗이 자랄 수 있도록 좋은 종자를 개발해서 보급하고, 육종과 채종을 지도해야 한다고 주장합니다. 육종은 농작물을 더 나은 종자로 품종을 개량하는 것을 말하고, 채종은 자연 상태에서 종자를 채취하는 기술을 말합니다. 농사를 짓는 사람뿐 아니라 식물을 가꾸는 모든 사람들이 육종, 채종 기술을 배우도록 하면 좋겠지요.

하얀 황금과 패스트 패션

이 책을 통해 다시 반성하게 된 것이 있습니다. 바로 '하얀 황금'이라고 불리는 면화 재배와 패스트 패션에 관한 내용입니다. 면섬유는 목화라는 식물에서 얻은 하얀 솜털로 만든 천연 섬유입니다. 목화는 유독 벌레들이 좋아하여 살충제를 많이 뿌립니다. 그런데 인도에서는 2005년 미국의 다국적 기업 몬산토 사에서 홍보한 목화 씨앗을 심었다가 큰 손해를 본 농민들이 4,000여 명이나 자살을 했다고 합니다. 몬산토 씨앗이 훨씬 비싼데도 수확량이 높다는 말만 믿고 무리하게 은행 빚을 얻어 농사를 짓다가 비극을 맞은 것입니다.

˚ 면화 재배에는 전 세계 살충제의 10퍼센트가 사용된다.

　쉽게 사서 대충 입다 싫증 나면 가볍게 버리는 옷이지만, 누군
가는 옷감의 재료를 생산하기 위해 땀 흘리며 노동을 해야 합니다.
게다가 옷을 만드는 과정에서 농토가 살충제로 오염되고 농민과
노동자가 고통을 받습니다. 쓰레기로 버려진 옷들을 태우는 과정
에서 맹독성 물질인 다이옥신이 나옵니다. 오죽하면 패스트 푸드
Fast food처럼 패스트 패션Fast fashion이라는 말이 생겼을까요. 옷을 살
때에는 오래 입을 생각으로 고르고, 옷을 버릴 때마다 땅과 농민
들, 노동자들의 수고와 아픔을 생각해야겠습니다.

생각 근육 키우기

1. 이 책에는 '옷을 오래 입는 법', '전자제품 살 때 먼저 생각해볼 것', '야생 동물을 위한 산행법', '야생 동물에게 먹이를 주면 안 되는 이유', '종이 사용을 줄이는 법' 등 일상 안에서 구체적으로 실천할 수 있는 다양한 방법들이 친절하게 소개되어 있습니다. 이 가운데 당장 실천하고 싶은 것을 골라서 "생명을 사랑하는 나만의 10가지 방법"이라는 제목으로 목록을 작성해보세요.

····>

도움말) 우리는 여러 책을 통해 지구 환경의 위기와 동물들의 고통에 대해 알고 있습니다. 또 가난한 나라 농민들과 노동자들이 열악한 환경 속에서 싼 임금을 받고 노동에 시달리고 있다는 것도 알고 있습니다. 하지만 알고 있는 만큼 실천은 쉽지 않지요. 결심과 의지가 있어야 합니다. 일단 가장 쉽게 할 수 있는 것부터 목록을 적어보세요. 친구들과 동아리를 만들어 함께 하면 더 쉬울 것입니다.

2. 나비 효과라는 말이 있습니다. 미국 기상학자 에드워드 로렌츠가 "브라질에 있는 나비의 날갯짓이 미국 텍사스 주에서 발생한 토네이도의 원인이 될 수 있을까?"라는 논문을 발표하면서 이 말이 일반인에게 퍼지기 시작했어요. 나비 효과를 설명하면 다음과 같습니다. 이 글을 읽은 후 내가 일으킬 수 있는 나비 효과는 무엇일지 생각해보세요. 아래 글을 모방하여 글을 써봐도 좋습니다.

"어느 날 높은 산에서 표범나비 한 마리가 날고 있었다. 그 나비의 날갯짓에서 나오는 바람은 사람에게는 미미하기 짝이 없었지만, 바로 옆에 있는 작은 딱정벌레에게는 큰 힘으로 작용했다. 나뭇잎에 붙어 있던 딱정벌레는 그 바람 때문에 나뭇가지에서 놀던 다람쥐의 꼬리에 떨어졌다. 갑자기 꼬리가 가려워진 다람쥐는 꼬리를 마구 흔들었고, 그 와중에 옆에 있던 작은 나뭇가지 하나가 부러졌다. 그 가지는 공교롭게도 개울가에 뭉쳐 있던 썩은 가지들 위로 떨어졌고 그 때문에 썩은 나뭇가지들은 개울로 흘러가 물의 흐름을 막았다. 흐름이 막힌 물은 바로 옆에 있는 습지로 흘러갔다. 그 습지는 마그마 활동으로 뜨거워진 증기가 간헐적으로 용솟음치는 곳이었다. 흐름이 바뀐 물줄기는 증기가 뿜어지는 구멍을 통해 땅 밑으로 흘러들어갔다. 뜨거운 마그마의 증기와 찬 실개울 물이 뒤섞이면서 가까이에 있던 화산맥을 건드리게 되었고, 그 결과 화산 대폭발이 일어나 엄청난 양의 마그마와 화산재가 인근 지역을 뒤덮었다. 화산재는 근처를 지나던 온난 전선과 한랭 전선의 충돌을 불러일으켰고, 그로 인해 여러 지역이 폭풍과 폭우에 휩싸이게 되었다."

···›

도움말) 나비 효과는 우리가 지구라는 공동체와 긴밀하게 연결되어 있다는 것을 새삼 느끼게 해줍니다. 일상의 작은 실천 하나가 큰 변화를 가져올 수 있다는 것이지요. 예를 들어, 유기농 채소 한 개를 구입한다면 그것이 가져올 나비 효과는 무엇일까요? 유기농 채소를 재배하는 농부에게 어떤 영향을 미치고, 흙에는 어떤 일이 벌어질지, 유기농 채소를 판매하는 유통업자에게는 무엇이 좋을지, 건강에는 어떤 영향을 줄지 등을 곰곰이 생각해보세요.

┌─┬─┬─┬─┬─┬─┬─┬─┬─┬─┬─┬─┬─┬─┐
│ │ │ │ │ 친 │ 구 │ 의 │ │ 글 │ │ │ │ │ │
└─┴─┴─┴─┴─┴─┴─┴─┴─┴─┴─┴─┴─┴─┘

우리는 평소 생각 없이 하는 행동이 환경을 파괴한다는 것을 인식하지 못하며 살고 있다. 매일 아침, 점심, 저녁에 먹는 식단에 들어가는 여러 식품들은 과연 토종 씨앗들로 만들어졌을까? 답은 '아니요'이다. 지금 토종 씨앗들이 없어지고 있다. 농부들은 잡종을 선택하여 작물들을 수확하고 있다. 잡종은 열매가 크고 튼실하지만 자가 치유력이 없다. 병에 약해 농약과 화학 비료를 써야 한다. 그렇게 생산된 것들이 우리가 먹는 탱탱하고 색깔 좋은 과일과 채소인 것이다.

그동안 마트에서 채소를 고를 때 '무농약'이라고 쓰여 있는 포장지 속에 든 거무튀튀하고 쭈그러진 못생긴 걸 보고 "아, 이거 맛없을 것 같아"라고 말하며 때깔 좋은 걸로 사자고 했다. 그런데 그런 때깔 좋은 것들이 우리 몸에는 안 좋은 식품이라니 정말 충격이다. 우리가 때깔 좋은 것들을 원할 때마다 농부들은 농약과 화학 비료를 더 많이 사용하게 될 것이고, 그러면 흙은 점점 더 산성화될 것이다. 또 그것은 다른 동식물에 피해가 되어 계속 생태계에 악순환이 일어난다. 그러므로 소비자인 우리가 반드시 무농약이나 친환경 식품을 먹어야 악순환의 고리가 조금씩 끊어질 것이다.

우리는 흔히 '강남 갔던 제비가 돌아온다'라고 말한다. 하지만 이것은 옛날이야기다. 나는 제비가 어떻게 생겼는지 기억도 안 나고 요즘

새 보기도 힘든 것 같다. 제비들은 봄에 새집을 짓고 새끼들을 위해 먹이를 물어 다닌다고 한다. 그런데 강남은 이제 더 이상 시골이 아닌 도시이다. 도시도 도시인지라 흙, 진흙, 지푸라기도 찾기 힘들다. 그리고 농약 때문에 제비가 즐겨 먹던 해충들이 사라져 먹을 것이 없게 된 것이다.

이래저래 여러 상황을 보니 생태계 파괴의 주범 중 하나가 농약인 것 같다. 이 때문에 제비는 먹을 게 없어지고 토종 씨앗도 없어지고 있다. 인간들 욕심 때문에 사라지는 생명체들은 참 불쌍하다. 인간이 동물들에게 큰 죄를 짓고 있다고 생각한다. 사실 동물들만 피해를 입는 것도 아니다. 농약이 든 과일을 먹은 인간도 병에 걸린다. 또 우리가 무심코 버리는 전자제품들에서 다이옥신, 바륨 같은 몸에 안 좋은 물질이 인체 속에 들어가는 바람에 병을 얻은 사람들도 있다고 한다. 모두가 피해자가 되는 일을 왜 멈추지 않는 것일까?

_노서진(상갈중학교 2학년)

04

마사코의
꿈

"핵과 인류도 공존할 수 없단다.

마지막 순간에 핵의 피해자는

결국 가해자였던 우리 인류 전체가 될 테니까 말이야."

『세상이 멈춘 시간, 11시 2분』

박은진 지음, 신슬기 그림, 꿈결

1945년 원폭 피해지들의 이야기를 다룬 소설. "히로시마와 나가사키에 원자폭탄이 떨어져 일본이 항복하고 우리나라는 광복을 맞이했다"는 짧은 설명 뒤에 숨겨진 그날을 소설 속 인물을 통해 간접 체험하고 원자력에 대해 생각해보게 한다.

한순간에 사라진 소녀의 꿈

오전 11시 2분. 모든 일은 순식간에 일어났습니다. 강렬한 빛이 번쩍하더니 무시무시한 굉음이 들렸고, 이어 거대한 폭풍이 일었습니다. 운동장에 있던 여학생들은 그대로 검게 타버렸습니다. 교실의 유리창이 깨지고 파편들이 사람들 몸속을 뚫고 지나가거나 박혔습니다. 곧이어 학교는 엄청난 불길에 휩싸였고 학생들이 밖으로 뛰쳐나왔지요. 많은 학생들이 화상을 입은 채 고통스런 비명을 질렀습니다. 이게 차라리 꿈이었다면 얼마나 좋았을까요. 하지만 이 처참한 비극은 시작에 불과했습니다.

그날 그 학교에 열다섯 소녀 마사코와 미유키 자매가 있었습니다. 그날은 마사코의 생일이었습니다. 학교 오는 길에 마사코는 좋아하는 남학생 우시다로부터 생일 선물을 받았지요. 새하얀 천에 정성스럽게 장미를 수놓은 손수건이었습니다. 쉬는 시간에 언니와 함께 선물을 풀어본 마사코는 마냥 행복해합니다. 곧 11시 수업종이 울리자 둘은 교실로 향하지요. 그리고 2분 후, 한순간에 모든 것이 사라져버렸습니다.

1945년 8월 9일 일본 나가사키에 원자폭탄이 투하되었습니다. 이미 8월 6일에 히로시마에 원폭이 투하되었지만 일본이 항복하지 않자 다시 나가사키에 투하한 것입니다. 평화롭던 항구 도시는 지옥의 도시로 바뀌었습니다. 불길을 피하기 위해 우물로 뛰어들

원폭이 투하된 이후 폐허가 되어버린 나가사키의 모습. 학교 건물이 뼈대만 앙상하게 남아 있다.

어 죽은 사람들, 피부가 다 녹아내린 모습으로 가족을 찾아 헤매는 사람들, 가족의 시신 앞에서 울고 있는 사람들, 피폭된 사람들 중에는 참을 수 없는 갈증 때문에 더러운 냇물을 마시는 사람들도 있었습니다. 나가사키에 떨어진 원폭으로 인해 7만여 명이 사망했고 27만여 명이 피폭되어 평생 고통에 시달렸습니다.

『세상이 멈춘 시간, 11시 2분』은 중학교 2학년 남학생이 나가사키를 여행하면서 벌어진 이야기를 중심으로 펼쳐집니다. 핵이라는 무거운 주제를 작가 특유의 경쾌한 서술 방식으로 흥미진진하게 엮어내고 있지요. 핵 문제가 결코 끝나지 않은 비극이라는 것을 강조하고 있습니다. 그날 끔찍한 비극을 겪은 사람들 모두 평범한 일상을 살던 사람들이었다는 것, 핵이 이런 일상의 행복을 한순간에 날려버릴 수 있음을 생생하게 느끼도록 해줍니다. 우리가 탈핵하지 않는다면 말입니다. 생일 선물을 받고 깔깔거리며 웃던 소녀, 쉬는 시간에 친구들과 재잘대며 웃던 소녀들은 어디로 갔을까요?

비극의 현장에 있던 조선인의 운명

마사코의 엄마와 언니 미유키가 결국 세상을 떠났습니다. 마사코는 다른 곳으로 이주해 살다가 사랑하는 사람을 만나 결혼했지만 결혼생활은 오래가지 못했습니다. 마사코가 기형아를 출산했기 때문이지요. 마사코의 남편은 피폭을 숨긴 채 결혼했다는 이유로 거액의 위자료를 요구했고, 마사코는 결국 위자료를 물어주고 이혼을 합니다.

마사코를 좋아했던 우시다는 조선인이었습니다. 한국 이름이 박석진이었던 그는 열다섯 살에 하시마 섬에 징용되어 끌려옵니다. 지옥섬으로 알려진 하시마 섬은 섬의 모양이 배를 닮아 군함도라고도 불렸지요. 일본 메이지 시대 미쓰비시 재벌이 섬 밑으로 지하 갱도를 개발했습니다. 하시마 섬은 열악한 환경과 노동 착취로 악명이 높았는데, 특히 징용으로 끌려간 조선인 노동자들의 고통은 정말 극심했습니다. 조사에 따르면, 당시 500~800명 정도의 조선인 노동자가 있었는데 이 가운데 122명이 숨진 것으로 기록되어 있습니다. 조사위원회는 이들 대부분이 가혹 행위로 인해 죽은 것이라는 의견을 내놓았습니다.

열다섯 살 박석진은 아버지와 함께 해저 1,000미터 지하 갱도에서 지옥 같은 노동에 시달렸습니다. 허리 한 번 제대로 펼 수 없이 좁은 갱도에 평균 기온 30도, 95퍼센트 이상의 습도, 갱도를 가득 채운 가스로 숨 쉬기도 힘든 상황에서 곡괭이 하나로 하루 12시간씩 석탄을 캐야 했습니다. 죽음 같은 하루를 보내고 나서 주어진 것은 콩기름을 짜고 남은 찌꺼기에 잡곡밥을 조금 섞은 주먹밥 2개가 전부였습니다.

석진이 이 지옥 같은 노동에서 벗어난 것은 우연히 파도에 휩쓸려 갈 뻔한 소녀를 구했기 때문입니다. 그 소녀가 바로 마사코였지요. 석진은 학교에도 다닐 수 있게 되었지만 즐거움도 잠시 원자폭탄이 터지면서 석진의 가족은 나가사키를 탈출하는 배에 몸을 싣습니다. 하지만 수많은 조선인을 태운 배가 파도를 이기지 못해 전복되었고, 석진의 가족을 포함한 많은 사람들이 바다에서 최후를 맞이했지요. 홀로 바다에 표류하던 석진은 지나가던 어선에 발견되어 구사일생으로 고향으로 돌아올 수 있었습니다. 그리고 마사코와 마찬가지로 석진 역시 평생 원폭의 후유증에 시달렸습니다. 늘 몸이 아팠지요. 결혼 후 태어난 아이도 하루가 멀다 하고 병원

신세를 져야 했습니다.

일본에 원자폭탄이 투하된 후 6개월간 히로시마에서 16만 명, 나가사키에서 7만 명이 목숨을 잃었습니다. 숨진 이들 중 한국인은 히로시마에서 3만 명, 나가사키에서 1만 명으로 추정됩니다. 목숨은 건졌지만 피폭된 사람만 40만 명이 넘습니다. 그 중 한국인 피폭자가 4만 명으로 추정되는데 공식적인 원폭 피해자 명부에 등록된 사람은 2,500여 명에 불과하다고 합니다. 주변 시선을 의식해 시름시름 앓다가 세상을 떠난 분들이 많은 것이지요.

이 책에서 알려준 바에 따르면, 일본 정부는 처음엔 피폭당한 일본인에게만 건강 진단과 치료를 받게 해주고, 건강 관리 수당을 지급했습니다. 그러자 해외에 있는 피폭자들에게도 치료비와 수당을 주어야 한다는 소송이 잇달았고, 결국 일본 최고재판소는 한국 거주 피폭자에 대한 치료비 전액 지급 판결을 내립니다. 하지만 여전히 피폭 2세, 3세들은 아무런 지원을 받지 못하고 있는 실정입니다.

지옥의 섬 하시마에서 벌어진 강제 노동에 대해서도 일본은 이해하기 힘든 태도를 보이고 있습니다. 전범 기업인 미쓰비시는 강제 노역을 한 중국인 노동자들에게 사과하고 보상금도 제공하기로 중국 측과 합의했습니다. 또 강제 노역에 동원된 미군 전쟁 포로들에게도 공식 사과했지요. 영국, 네덜란드, 호주의 전쟁 포로들에게도 사과할 뜻을 비쳤습니다. 한국인 강제 동원 피해자만 쏙 빼놓

° 하시마 섬. 섬 모양이 일본의 군함 모양을 닮아 '군함도'라고도 불린다.

은 것에 대해 일본 정부는 "법적 상황이 다르다"고 해명했다고 합니다. 현재 미쓰비시 사와 한국 피해자 사이에 손해 배상 소송이 진행 중인데, 일본 측은 한국이 다른 국가들의 노동자, 포로와는 법적 지위가 다르고 한일청구권협정°으로 개인에 대한 보상 책임은 마무리됐다고 주장하고 있습니다.

° 1965년 한국과 일본 정부가 합의한 협정. 제2조 "양국과 그 국민의 재산·권리 및 이익과 청구권에 관한 문제가 완전히 그리고 최종적으로 해결된 것을 확인한다"라는 조항을 근거로 들어 일본 정부는 보상 문제가 완전히 해결되었다고 주장한다.

1986년 소련의 체르노빌에서 최악의 원전 사고가 발생했다.
주민들이 모두 다른 여러 지역들로 옮겨졌으며, 그 후 시간이 멈춘 유령도시가 되었다.

해결책은 결국 탈핵뿐

이 소설을 쓴 저자는 현재 중학교에서 국어를 가르치고 있는 선생님입니다. 나가사키 여행을 갔다가 원폭 피해자들의 이야기를 듣고 소설을 쓸 생각을 했다고 합니다. 죽어서까지 차별받던 사람들, 제대로 치료조차 받지 못한 채 어려운 삶을 살아야 했던 조선인 원폭 피해자들을 위로하고 싶은 마음에 집필을 시작했다고 합니다.

저자는 더 이상의 비극을 되풀이하지 않으려면 핵을 포기해야한다고 강조합니다. 체르노빌 사태와 후쿠시마 원전 사고˙로 엄청난 비극을 겪었으면서도 우리나라를 비롯한 몇몇 나라들은 원전을 추가로 더 짓겠다고 말하고 있지요. 반면 독일과 벨기에, 스위스는 원자력을 사용하지 않기로 결정했다고 합니다.

그래서 저자는 머리말에서 아래와 같이 힘주어 말합니다. "세계의 많은 국가들이 일본의 참상을 두 눈으로 보았음에도 자국의 이익을 위한 핵무기 개발에 열을 올리고 있다. 국민이 역사를 제대로 아는 나라여야 똑같은 실수를 되풀이하지 않는다. 우리는 전쟁이 불러온 엄청난 비극을 언제나 기억해야 한다. 소수의 이익을 위해 다수가 불행해지는 비극이 다시는 일어나지 않도록 이제는 평화의 목소리를 내야 할 때다."

˙ 2011년 3월 11일 일본 동북부 지방에 일어난 대규모 지진 해일로 인해 후쿠시마 현에 위치한 원전에서 방사능이 유출되는 사고가 일어났다.

1. 지옥섬으로 불리던 하시마 섬이 2015년 유네스코 세계문화유산으로 등재되었습니다. 조선인 강제 징용 시설이 일본 근대화의 상징으로 미화된 것입니다. 이에 항의하는 서한을 유엔에 보내보세요.

·····>

도움말) 하시마 섬은 '메이지 일본의 산업 혁명 유산'이라는 이름으로 세계문화유산으로 등재되었습니다. 하지만 메이지 시대 산업 유산은 1853년부터 1910년까지이고, 하시마 섬에 있는 건물은 1910년 이후에 지어졌습니다. 섬 어디에도 조선인 강제 노동을 하던 곳이라는 안내 문구가 없다고 합니다. 이런 일본의 행동은 독일과 비교됩니다. 독일은 탄광이 강제 노역에 쓰였음을 감춘 적이 없고 오히려 부끄러운 사실을 적극 공개하고 정부 차원에서 추모 시설을 건립하는 등 반성과 사죄의 노력을 기울였어요. 반면 일본은 하시마 섬의 강제 징용 사실이 공개될까 봐 등재 신청서에 세계문화유산 지정 시기를 1910년까지로 제한했습니다. 꼼수를 부린 것이지요. 유엔에 항의 서한을 보냄으로써 하시마 섬이 수많은 조선인 노동자들의 한과 눈물이 서린 곳임을 알려야 합니다.

2. 이 책은 "십대가 알아야 할 탈핵 이야기"라는 부제가 달려 있습니다. 저자는 다시는 원폭과 원전 사고로 인한 비극을 겪지 않도록 하기 위해선 탈핵을 해야 한다고 말합니다. 핵과 평화는 공존할 수 없다는 것이지요. 이 책을 통해 알게 된 사실들을 근거로 탈핵을 주장하는 대자보를 만들어보세요. 대자보는 많은 사람들이 보는 벽이나 게시판에 붙이는 주장글을 말합니다.

·····>

도움말) 대자보는 대중을 상대로 자신의 생각을 설득력 있게 쓰는 글입니다. 일단 주장하고자 하는 것을 분명히 제시하는 것이 가장 중요합니다. 왜 탈핵을 해야 하는지를 설득하기 위해 히로시마와 나가사키에서 원폭으로 인해 처참하게 죽은 사람들의 사연을 소개할 수도 있고, 원폭 피해 2, 3세들의 비극을 소개해도 좋을 것입니다. 핵을 유지하자고 주장하는 쪽의 의견을 말하고 이에 반박하는 글을 써도 됩니다. 최근 경주에서 발생한 지진과 같이 원전의 안전 문제를 예로 들어도 되겠지요.

				친	구	의		글				

이 책을 통해 막연하게 알고 있던 '핵'의 실체를 뚜렷하게 알게 되었다. 핵은 정말 위험하다. 히로시마에 떨어진 원폭으로 16만 명이 숨졌고, 나가사키에서는 7만 명이 목숨을 잃었다. 목숨을 잃은 그들은 원폭이 떨어지기 전까지 학교에서 친구들과 수다를 떨고 있었고 일을 하고 있었다. 모두 소중한 생명들이었다. 이 책에 나오는 마사코와 우시다는 나랑 나이가 같은 열다섯 살에 원폭을 맞고 평생 후유증에 시달렸다.

책에 나오듯이 핵으로 인해 생겨나는 피해들은 너무나도 많다. 핵이 떨어진 직후 즉사하는 사람들과 뜨거운 온도로 인해 피부가 녹고 검게 변하는 고통을 느끼는 사람들. 검은색 빗물까지 먹을 만큼 극도로 목이 마른 사람들. 방사능 오염으로 인해 백혈병과 암에 걸려 고통받는 사람들. 특히 이해가 안 되고 화가 났던 것은 기적적으로 살아남은 사람들을 차별하고 멸시하는 사람들이었다. 정작 보호받아야 할 죄 없는 사람들이 평생 고통을 받다니.

많은 사람들이 죽고 다치는 이 위험한 것을 굳이 많은 돈을 들여 만들어 사용해야 하는 것일까? 이미 총과 폭탄들로도 충분히 위협적인데 말이다. 이 또한 사람들의 욕심 때문에 만들어지는 것이 아닐까? 아무리 화가 나고 위협을 해야 하는 상황이더라도 많은 사람들이 죽고 다치는 상황을 합리화할 수는 없다.

핵으로 평화를 얻을 수는 없다. 그러므로 핵을 만들어야 할 이유도 없다. 핵을 보유하고 있는, 또는 핵을 개발 중인 나라들이 그만 욕심을 버리고 핵을 포기했으면 좋겠다. 그러면 많은 사람들이 핵이라는 두려움에 시달리지 않고 살 수 있을 것이다. 당장 우리나라부터 원자력 발전소를 더 이상 짓지 말고, 현재 있는 것들도 점차 없앴으면 좋겠다.

_김세영(대방중학교 2학년)

학교에서
돼지를 키운다고?

"혼자서 간단히 키울 수 있는 것이라면

군이 학급에서 키울 필요가 없다.

간단히 키울 수 없기 때문에

비로소 아이들의 지혜와 노력이 필요해진다."

『돼지가 있는 교실』

쿠로다 야스후미 지음. 김경인 옮김. 달팽이출판

오사카 북부의 한 초등학교에서 돼지를 기르며 교육과 생명에 대해 생각해본 이야기.
새끼 돼지 때부터 식육센터에 보내기까지 아이들이 보여주는 좌충우돌 돼지 키우기와,
졸업을 앞둔 아이들이 돼지의 생사를 놓고 벌인 열띤 토론까지 생생하게 담았다.

일본 오사카 북부의 한 초등학교에 갓 부임한 쿠로다 야스후미 黒田恭史 선생님은 4학년 담임을 맡게 된 후 '학교에서 돼지를 기르자'는 다소 생소하고 이색적인 발표를 하여 아이들을 깜짝 놀라게 합니다. 아이들에게 생명과 음식의 소중함을 직접 몸과 가슴으로 경험하도록 하자는 교육적 소신의 결단이었습니다. 그는 돼지 키우기를 통해 이론과 지식으로 하는 교육이 아닌, 마음을 흔들어놓을 수 있는 수업을 하고 싶었던 것입니다.

돼지를 기른다는 놀라움은 곧 흥분과 설렘으로 바뀌었고 아이들은 P짱이라는 이름까지 지어주며 돼지우리도 직접 만들고 먹이주기와 목욕, 청소에 이르기까지 아이들로선 결코 쉽지 않은 일들을 당번을 정해 척척 해냅니다. 하지만 돼지를 기른 지 3년, 아이들은 졸업을 앞두고 큰 고민에 빠집니다. 덩치가 커질 대로 커진 P짱을 어떻게 할 것인가를 두고 대토론이 벌어진 것입니다. 이제 4학년이 될 3학년 후배들에게 P짱을 맡기자는 의견과 식육센터에 보내자는 의견이 팽팽하게 맞섰고, 결국 졸업을 하루 앞두고 선생님은 최종 결단을 내립니다. 그것은 식육센터로 보낸다는 것. 선생님이 어렵게 내린 결정임을 알기에 조용히 수긍하면서도 아이들은 봇물 터지듯 나오는 눈물을 주체할 수가 없습니다. P짱을 죽을 때까지 키워야 한다고 주장했던 아이들도, 식육센터로 보내자고 했던 아이들도, 그런 결정을 한 선생님까지 모두 목 놓아 울었습니다.

쿠로다 선생님이 돼지 키우기를 시작한 것은 생명과 삶, 죽음에 대한 수업을 해보고 싶어서였습니다. 집단 따돌림, 등교 거부, 자살 등 아이들의 인권이나 생명과 연관된 문제가 산적해 있는 현실에서 아이들이 직접 '생명'을 키워봄으로써 진지하게 그 문제에 대해 고민해보는 장을 만들어보고 싶었던 것이지요. 사실 돼지를 키우는 것은 결코 쉬운 일이 아닙니다. 지독한 냄새에 익숙해져야 하고, 똥을 치우고 청소하는 일도 매우 고된 노동입니다. 일회적으로 하는 것이 아니라 3년간 꾸준히 계속한다는 것도 어지간한 책임감 없이는 힘든 일이지요. 아이들은 생명의 소중함을 책이나 머리로만 배운 것이 아니라 그야말로 진흙투성이가 되어가면서 온 몸과 마음으로 배운 것입니다.

돼지 생명의 길이는 누가 결정하는가

아이들은 3년간 돼지를 키우고 토론을 하면서 무슨 생각을 했을까요? "왜 돼지는 사람을 위해 죽어야 하나요?", "돼지 생명의 길이는 누가 결정하나요?", "우리는 왜 돼지고기를 먹는 걸까?" 아마 이런 질문을 수없이 했을 것입니다. 아이들의 고민은 그들이 키운

P짱이 사람들이 매일 먹는 '돼지'였다는 데에 있었습니다. 동네 식육점이나 마트에 가면 쉽게 살 수 있는 돼지고기가 바로 그들이 3년간 키웠던 P짱일 수 있다는 사실, 그것은 아이들에게 정말 충격적인 현실이었을 것입니다.

이 책은 P짱을 보낸 후 10년 만에 나온 책입니다. "돼지 P짱과 32명의 아이들이 함께 한 생명 수업 900일"이라는 부제가 붙은 이 책은 교사를 그만두고 대학에서 강의를 하고 있는 저자가 그때를 회고하며 쓴 것입니다. 과연 돼지를 키웠던 아이들은 저자가 기대한 대로 생명에 대한 진지한 고민을 하고 생명을 사랑하는 삶을 실천하며 살았을까요? 예상한 대로 교육적 효과를 검증할 길은 없습니다. 하지만 돼지를 키운 경험과 고민은 살아가면서 늘 마음속 질문으로 남겠지요.

학교에서 돼지를 기른다는 이 독특하고 이색적인 프로그램은 다큐멘터리로 제작되어 텔레비전에 방영되었습니다. 3년 동안의 돼지 키우기 사연이 텔레비전에 방영된 후 '훌륭한 교육이다'라는 의견과 '이것은 교육이 아니다'라는 의견이 팽팽하게 맞서며 사회에 큰 토론거리를 안겨주기도 했습니다.

사실 동물을 농장에서 기르는 지금의 공장식 가축 사육 방식은 자본주의가 발달하면서 늘어났습니다. 고기를 대량으로 길러서 시장에 내놓기 시작하면서 사람들도 점점 고기를 많이 먹는 식습관이 생겨났지요. 여기에 육가공식품까지 등장하면서 가축의 수는

生命의 길이는 누가 결정하는가? 이 책 전반에 걸쳐 제기되는 질문이다.

폭발적으로 늘었습니다. 통계에 따르면, 우리나라에서 한 해에 도축되는 돼지의 수가 1,600만 마리 이상이라고 합니다.

어미 돼지는 걷거나 뒤돌아설 수도 없을 만큼 비좁은 축사에서 사육되다가 생후 230~240일쯤 교배를 시작합니다. 114일의 임신 기간이 끝난 후 새끼 돼지가 태어나면 20일간 젖을 먹이고 젖을 떼지요. 그런 다음 일주일 후에 어미 돼지는 다시 교배를 당합니다. 그렇게 어미 돼지는 계속해서 새끼를 낳아야 합니다. 번식 기계처럼 말이지요. 좁은 공간에서 대량으로 사육하고 강제로 번식시키는 이런 공장식 사육 방식은 또 몸무게를 불리기 위한 사료를 먹이고 질병을 억제하는 항생제를 과도하게 사용하는 문제점이 있다고 지적받고 있습니다. 짐작한 대로 이렇게 사육되는 돼지들은 운동 부족과 열악한 환경 때문에 병에 잘 걸리고 한 마리가 걸리면 병균의 전파도 빠릅니다. 그러다 보니 구제역이 유행하기라도 하면 수백만 마리를 집단으로 폐사시키는 일이 생깁니다.

이런 사육 방식이 사람의 건강에도 좋을 리가 없습니다. 최근 광우병, 신종 인플루엔자, 조류독감 등 사람과 동물 모두 걸리는 전염병이 생겨나고 있는데, 이런 전염병이 공장식 대량 사육 방식과 무관하지 않다는 게 전문가들의 의견입니다. 이런 문제를 개선하기 위해 요즘에는 자연 농법으로 가축을 기르는 농가들도 늘고 있습니다만, 근본적으로 고기를 많이 먹는 문화가 바뀌지 않으면 공장식 축산 방식이 사라지지는 않을 것입니다.

동물도 고통을 느끼는 존재임을 이해해야

  행동주의 철학자 제레미 리프킨Jeremy Rifkin은 『육식의 종말』에서 가축의 대량 사육에 대해 강도 높은 비판을 하고 있습니다. 대량 축산으로 인한 지하수 오염과 메탄가스 방출도 문제이지만 목초지를 만들기 위한 개간으로 열대 우림이 파괴되고 사막화가 늘고 있는 점도 지적합니다. 특히 지구 한쪽에서는 수백만 명이 곡식이 부족하여 굶주리는 데 반해 지구상에서 생산되는 곡식의 3분의 1을 가축들이 먹어치우고 있다는 것, 여기에 선진국에서는 사료로 사육된 가축을 과다 섭취하여 당뇨병, 심장병 등이 늘고 있는 점도 문제점으로 지적하고 있습니다.

당연한 말이지만 동물도 고통을 느낍니다. 살아 있는 생명이기 때문이지요. 동물도 고통을 느끼는 존재임을 이해하고 그들에게 최소한의 인도적인 대우를 하자는 게 동물 복지입니다. 예를 들어, 돼지를 도축할 때도 최대한 고통을 줄여주기 위해 가스 질식 방법을 하도록 권합니다. 전기 충격으로 기절을 시켜 죽일 경우 의식이 깨어난 상태에서 도축되기도 하기 때문이지요. 영국에서는 동물 복지법에 따라 모든 돼지에게 장난감을 제공해야 하고 꼬리와 이빨을 강제로 자르지 못하게 하고 있습니다. 덴마크에서는 진흙 수렁을 만들어 돼지가 흙탕물 목욕을 즐기도록 합니다. 또 좁은 공간에 너무 많은 돼지를 수용하지 못하도록 하는 법을 만들었고, 농장에서 사육할 수 있는 돼지의 수도 제한했다고 합니다.

다음은 P짱을 길렀던 학생이 중학생이 된 후 저자에게 보내온 시입니다.

내 마음속에서만 살아 있는

P짱의 우리를

딱 한 번 보러 갔다

믿을 수 없어!

지금도 그곳에 가면

언제라도 만날 수 있을 것만 같아

하지만 왠지 없어

언젠가 다시 그곳에

나뒹굴며

기다리고 있을 것만 같아

지금은 내 마음속에서 그 우리에서

나뒹굴기도 하고

먹이를 먹기도 하고

화도 내고

웃기도 하고

평화로운

하루를 보내고 있네

(중략)

다시 한 번 너의

무스 바른 것 같은 털을 만질 수 있었으면

내 마음속에서만 살아 있는

내 마음속에 살아 있는

언제까지나

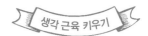
1. 대량 사육되는 공장식 가축 사육 방식의 문제점을 근본적으로 개
   선하려면 육식 소비를 줄여야 한다는 의견이 지배적입니다. 자연
   농법 방식의 축산으로는 사람들의 육식 소비량을 맞출 수 없는데
   다, 공장식 사육으로 최대한 이윤을 내려고 하기 때문이지요. 동물
   들을 고통스럽게 하고 인간의 건강에도 좋지 않은 육식의 과다 소
   비를 줄이기 위한 캠페인을 만들어보세요.

도움말) 먼저 일주일 단위로 가족의 식단에서 고기 섭취량과 외식으로 먹는 고
기량을 적어보세요. 어디서 고기를 구입하고 있으며, 고기가 생산된 곳이 어디
인지도 적어보세요. 그리고 우리가 즐겨 먹는 육식 고기들이 어떤 방식으로 길
러지고 있으며, 식탁에 오르기까지 어떤 유통 경로를 거치는지도 알아보세요.
책이나 인터넷 자료를 통해 집단 사육의 문제점을 정리해본 후 육식 소비를 줄
이는 것이 왜 바람직한지 설득하는 글을 짧게 작성해봅니다.

2. 책에서 아이들은 P짱을 후배들이 계속 키우게 할 것인가, 아니면 식육센터에 보낼 것인가를 두고 격렬한 토론을 합니다. 결국 쿠로다 선생님은 P짱을 식육센터에 보내기로 결단을 내리지요. 만약 여러분이 P짱을 키운 학생이었다면, 또는 선생님이라면 어떻게 할 것인가요? 자신의 의견을 주장하는 글을 써보세요.

····>

도움말) 책 속에서 서른두 명의 학생들은 정확히 16대 16으로 팽팽하게 나뉘어 토론을 합니다. 식육센터에 보내야 한다고 주장하는 아이들은 "우리가 키웠으니까 우리가 끝을 내는 게 책임 있는 행동"이라고 하고, 계속 키우도록 하자는 쪽에서는 "P짱을 고기가 되게 할 수 없다"고 맞섭니다. 3년 동안 정성 들여 키운 P짱을 이렇게 하는 것이 가장 좋을지 생각해보세요.

				친	구	의		글				

생명은 소중하다. 사람 목숨만 중요할까? 우리가 매일 먹는 소, 돼지, 닭들의 목숨은 어떤가? 따지고 보면 생명이 없는 것이 있을까? 이런 문제들을 깊이 생각할수록 너무나 골치 아프고 어렵다.

난 이 책을 초등학교 4학년 때 처음 읽었다. P짱을 키웠던 아이들과 똑같은 나이였다. 그땐 아무 생각도 없었지만, 6년이 지난 지금 읽었을 땐 조금 부끄러웠다. 내가 이런 것들에 대해 한 번이라도 생각해 본 적이 있었나? 이 책을 읽으면서 가장 큰 의문은 왜 야스후미 선생님이 돼지를 키우기로 했냐는 것이다. 왜 강아지, 고양이, 앵무새, 햄스터 같은 '반려동물'을 놔두고, 돼지를 선택한 것일까?

돼지는 가축이다. 가축과 반려동물, 둘 다 동물이지만 하나는 먹어도 되고, 하나는 먹으면 야만적이다. 왜 그럴까? 나는 개고기는 먹지 않지만, 개고기를 반대하는 사람들이 아무런 감정도 없이 소고기나 돼지고기를 먹는 장면을 보면 정말로 어이가 없다. 이건 책 마지막에 나오는 장면과 아주 비슷하다. P짱은 엄연히 가축이지만, 사람들이 P짱의 사연에 대해 알게 되자, P짱이 죽어선 안 된다는 의견들이 줄을 잇는다. 그 사람들은 자기가 점심 때 먹은 삼겹살에 대해선 어떻게 생각했을까? 그것이 이 책의 가장 큰 질문인 것 같다. 생명은 모두 다 중요한가?

이 책의 결말은 아주 다른 해석을 내놓을 수 있게 해준다. 선생님이 맞는 결정을 내렸다고 하는 사람들과 선생님이 비교육적인 행동을 했다고 하는 사람들로 나뉜다. 어차피 죽일 거면 왜 굳이 아이들의 마음에 상처를 주면서까지 돼지를 키웠을까? 답은 간단하다. P짱을 키우면서 아이들은 이제껏 느껴보지 못한 감정들을 느꼈다. 아끼는 것을 보내는 감정과 무언가를 위해 봉사하는 감정들. 앵무새나 고양이를 키웠어도 그런 감정들을 느꼈을까? 아니라고 본다. P짱의 죽음은 학생들에게 큰 메시지를 전달해준다. P짱이어서 중요한 게 아니라, 생명이기 때문에 중요한 것이다.

_임성호(한국외국인학교 고등학교 2학년)

06

소비하는 인간,
호모 콘수멘스

"사람들이 좋은 먹을거리를 많이 선택하면
좋은 먹을거리가 많이 생산되고,
나쁜 먹을거리를 많이 선택하면
나쁜 먹을거리가 많이 생산된다.
그런 점에서 소비자의 선택은 투표 행위와도 같다."

『미래를 여는 소비』
안젤라 로이스턴 지음, 김종덕 편역, 다섯수레

무분별한 소비 뒤에는 기업의 전략이 숨어 있음을 고발한다. 기업은 값싼 제품을 대량
으로 공급하기 위해 수단 방법을 가리지 않아, 결과적으로 자원이 남용되고, 개발도상
국 노동자의 인권이 짓밟히고 있다. 이에 지구를 살리는 현명한 소비 방법을 찾아본다.

소비 중독 사회

어플루엔자Affluenza라는 신조어가 있습니다. 풍요를 뜻하는 어플루언스Affluence와 감기를 뜻하는 인플루엔자Influenza의 합성어입니다. 우리말로는 '부자병' 또는 '소비 중독증'으로 번역할 수 있습니다. 이 병에 걸린 사람은 마치 굶주렸다 허겁지겁 배를 채우듯 엄청나게 많은 상품을 삽니다. 그 결과 어떤 사람은 파산하기도 하고 카드 대금을 메우느라 헉헉대기도 합니다. 충동적으로 구매해놓고 그것을 갚으려고 몸이 상할 정도로 일을 해야 하는 것이지요. 가젯 러버Gadget Lover라는 말도 생겨났습니다. 새로운 스마트폰이 출시될 때마다 빨리 갖고 싶어서 매장 앞에서 밤새워 기다리는 사람을 말합니다. '첨단 제품 열혈 구매자'라고 번역할 수 있겠지요.

『미래를 여는 소비』의 첫 장에서 저자는 현대인을 '소비하는 인간'(호모 콘수멘스Homo Consumens)이라고 말합니다. 어떤 사람이 무엇을 소비하는지를 보면 그가 어떤 사람인지 알 수 있다는 뜻이지요. 데카르트의 말을 빌리자면, "나는 소비한다, 고로 나는 존재한다"가 될 것입니다. 대형 마트가 골목마다 들어서면서 마트는 이제 어린이들의 놀이터가 되었습니다. 어른을 따라 마트에서 카트를 타고 다니며 물건을 사는 걸 즐기며 놀았던 아이들은 성장하면서 소비하는 인간으로 자랍니다. 인간은 소비가 본능처럼 되어버리고 소비하지 못하면 우울해지는 병에 걸릴지도 모릅니다.

어느새 사람들은 필요에 의해서가 아니라 자신을 과시하기 위해 소비를 한다.

미국에서 취학 연령 아동을 대상으로 조사한 결과, 응답자 96퍼센트가 광대 분장을 한 맥도날드 캐릭터를 아는 것으로 나타났습니다. 이는 산타클로스 다음으로 높은 인지도로, 광고의 위력을 보여주는 예입니다. 심지어 미국 10대 소녀들 가운데 99퍼센트가 가장 좋아하는 활동으로 쇼핑을 꼽았다는 조사 결과도 있습니다. 이제 사람들은 자수성가한 사람이나 창업가, 개척자의 삶보다 돈 많은 영화배우나 스포츠 스타의 소비에 더욱 열광합니다. 그들처럼 소비를 많이 할수록 행복해진다고 믿는 사람이 늘어나고 있는 것입니다.

저자는 사람들이 소비 중독증에 걸린 것은 기업의 치열한 광고 전략 때문이기도 하지만, 소비를 통해 욕망을 채우려는 심리가 작용하기 때문이라고 말합니다. 미국의 사회학자 소스타인 베블런 Thorstein Veblen이 말했듯 "사람은 자신을 과시하고 사회적 지위를 인정받기 위해 소비한다"는 것이지요. 여기에 대형 쇼핑몰의 등장과 편리한 인터넷 쇼핑 등이 소비를 더욱 부추기고 있습니다. 대형 쇼핑몰은 쇼핑 외에 식사, 영화 관람, 도서 구입, 운동이나 놀이 등을 할 수 있는 다양한 시설이 마련되어 있어서 소비자들의 발길을 이끌고 있지요. 홈쇼핑이나 인터넷 쇼핑 역시 단추 하나만 누르면 물건을 구매할 수 있습니다.

과도한 소비가 불러오는 위험성

『미래를 여는 소비』는 이러한 과도하고 무절제한 소비가 환경에 미치는 위험성을 알리기 위해 만들어졌습니다. 저자 말대로 생산과 소비는 자본주의의 두 날개로 소비가 경제를 활성화시키고 사람들의 생활을 윤택하게 하기도 합니다. 문제는 과잉 소비와 불필요한 소비이지요. 무엇보다 일부 잘사는 나라들의 과도한 소비로 인해 고통받는 사람들이 있음을 잊지 말아야 한다고 저자는 말합니다.

다국적 기업이나 대기업은 값싼 노동력을 얻을 수 있는 가난한 나라의 하청 업체에 원자재와 기술을 제공하면서 제품을 싼값에 납품하도록 요구합니다. 대기업의 목표는 더 많은 이윤을 남기고 세계 시장의 경쟁에서 살아남는 것이지요. 하청 업체는 대기업의 요구에 맞추기 위해 노동자들의 임금을 낮출 수밖에 없습니다. 게다가 어떤 기업들은 장시간 노동을 시키거나 노동자들의 기본 권리인 노조의 설립을 막기도 합니다.

과도한 소비가 지구 온난화의 주범이라는 사실도 일깨워줍니다. 먼저 기계로 원자재를 추출하면서 에너지를 사용하고, 원자재를 차량에 실어 공장에 수송하면서 화석 연료를 사용합니다. 공장에서 제품을 만들고 포장하는 데에도 에너지를 사용하며, 선박이나 트럭이 완제품을 창고나 가게로 실어갈 때도 디젤 연료를 사용합니다. 또한 소비자들이 자동차를 타고 가게나 쇼핑몰에 오갈 때에도 휘발유를 사용하지요. 이렇게 사용된 에너지가 이산화탄소를 배출하여 지구 온난화를 일으키는 것입니다.

농산물을 예로 들어볼까요. 원산지에서 수확한 과일과 채소를 유럽, 아시아, 북아메리카 등 다른 지역으로 항공 수송하는 이유는 계절에 상관없이 신선한 과일과 채소를 공급하기 위해서이지요. 선박을 이용하면 시들 수 있으니까요. 신선한 살구, 딸기, 블루베리가 뉴질랜드에서 영국으로 항공 수송되고, 캐나다에서 재배된 아스파라거스가 영국으로 항공 수송됩니다. 이때 드는 에너지는 국내에서 재배한 과일과 채소를 수송하는 데 드는 에너지의 9배나 됩니다.

이렇듯 세계 식량 체계에서 생산, 가공, 유통, 소비되는 음식을 글로벌 푸드Global food라고 합니다. 문제는 이런 글로벌 푸드의 생산 방식과 유통이 식품의 안전을 위협한다는 것입니다. 시장에서 경쟁력을 높이기 위해 식품 안전보다 비용 감소를 더 중시하기 때문이지요. 글로벌 푸드는 대규모 농장에서 제초제와 살충제를 쓰면서 재배한 것이어서 농약이 남아 있을 가능성이 큽니다. 또 수확한 후 오랜 기간 저장되었다가 장거리를 이동하기 때문에 변질되지 않도록 식품에 방부제 등을 뿌리고 방사선을 쬐기도 합니다. 이들 글로벌 푸드 생산자들은 소비자를 알 수 없어서 소비자보다는 생산품을 1차로 구입하는 곡물 메이저 유통업체를 염두에 두고 생산을 합니다. 당연히 소비자의 안전이나 영양을 고려하기보다 1차 구입자의 필요에 맞추겠지요.

여기에 국제적 위기가 발생하면 글로벌 푸드도 문제에 직면할 수 있습니다. 석유 값이 올라 수송비가 많이 들면 식량 수입국의 부담이 늘어날 수 있고, 천재지변이나 전쟁 등으로 국제 정세가 불안정해지면 운송이 불가능해져서 식량 수입국은 식량 부족에 직면할 수 있습니다. 글로벌 푸드는 언뜻 값이 싸 보이지만 영양 불균형을 가져올 수 있고, 질병에 걸려도 의료비를 전적으로 소비자가 부담해야 하는 문제도 있습니다. 많은 포장과 장거리 수송을 거친 가공식품은 환경 오염과 지구 온난화를 일으키는데, 이 비용 역시 제조업자가 아닌 소비자의 세금에서 나옵니다.

로컬 푸드를 먹어야 하는 이유

답은 간단합니다. 가장 가까운 곳에서 재배된 제철 과일과 채소, 즉 로컬 푸드Local food를 구입하면 됩니다. 로컬 푸드는 신선하고 맛있고 건강에도 이롭지요. 지역의 가족농을 지원하여 지역 경제 발전에 기여합니다. 생산자와 소비자로 구성된 먹을거리 공동체를 만들 수 있고, 글로벌 푸드가 일으키는 환경 피해 등에 사용되는 세금을 아낄 수 있습니다. 스웨덴은 식품 생산과 가공에 관련된

로컬 푸드를 먹는 일은 지구 온난화를 막기 위한 좋은 방편이 될 수 있다.

이산화탄소 배출량을 의무적으로 표시하는 정책을 시행하고 있습니다. 오트밀 포장에 "제품 1킬로그램 생산에 이산화탄소 0.87킬로그램"으로 표시하는 식입니다. 심지어 스웨덴은 식당에서도 메뉴판에 이산화탄소 배출량을 표기해서 고객들이 메뉴를 선택할 때 친환경적 식생활을 할 수 있도록 돕는다고 합니다.

먹을거리를 자가 생산하는 방법도 있습니다. 조사 결과, 캐나다 밴쿠버 시민들의 56퍼센트가 자기 먹을거리 일부를 직접 생산하고 있다고 합니다. 시민들은 주택에 딸린 텃밭이나 시가 임대해준 공동 텃밭에서 먹을거리를 재배합니다. 이런 도시 농업은 음식물 쓰레기 등을 순환시켜 도시 환경을 개선하고 위생 시설 유지비를 줄이며 신선한 먹을거리를 공급할 수 있는 이점이 있습니다.

끝없는 소비 욕망이 지구 온난화를 가속화하고 자원을 고갈시키며 엄청난 쓰레기를 만들어내고 있는 지금, 우리는 무엇을 해야 할까요? 저자는 더 이상 실천을 늦춰서는 안 된다고 주장합니다. 즉시 행동에 나서야 한다고 말이지요. 그리고 지금 당장 할 일은 소비를 줄이는 것입니다.

생각 근육 키우기

1. 공정 무역은 곡물을 생산하는 사람이나 공장에서 일하는 사람이
   정당한 몫을 받도록 보장하는 제도입니다. 주로 초콜릿, 커피, 바나
   나와 같은 작물이 대상이 되는데, 소비자들이 값을 조금 더 내어
   생산자를 돕는 방식입니다. 주변에 공정 무역 제품을 파는 곳이 어
   디에 있는지, 공정 무역 여행, 착한 여행이 무엇인지 알아보세요.

   도움말) 공정 무역 협정에서 이득을 얻은 노동자는 마을 협동조합에서 함께 일
   합니다. 그들은 이윤의 일부를 깨끗한 물, 학교, 의료 등에 투자하여 마을 전체
   의 이익을 도모하기도 합니다. 우리나라의 공정 무역은 2003년 아름다운가게가
   아시아 지역에서 수입한 수공예품을 판매한 것에서 시작되어 점점 확산되기 시
   작했어요. 현재 아름다운가게, 두레생협, 한국YMCA, (주)페어트레이드코리아,
   한국공정무역연합, 아이쿱 등에서 공정 무역 제품을 팔고 있습니다. 최근에는
   '착한 여행'이라고 불리는 공정 무역 여행도 등장했습니다. 착한 여행은 단지 즐
   기기만 하는 여행이 아니라 여행객들이 지역 경제 살리기와 환경 운동에 적극
   동참하는 여행입니다.

2. 아래는 책의 저자가 강조하는 소비 줄이기에 동참하기 위한 체크
   리스트입니다. 자신이 현재 실천하고 있는 항목에는 O, 앞으로 실
   천할 것에는 V로 표시해보세요.

체크	체크 리스트
	물건을 사기 전에 정말 필요한 것인지, 그것을 사면 정말 기분이 좋을지 생각한다.

물건을 살 때 값이 싼 것보다 조금 비싸더라도 꼭 필요한 것을 산다.
물건을 살 때 물건을 만든 사람들에게 공정한 임금이 지불되었을지 생각한다.
물건을 살 때 재활용되는 재료로 만든 물건을 산다.
매월 마지막 주에는 '아무것도 사지 않는 날'을 정해서 실천한다.
음식을 살 때 싼 것보다는 좋은 음식을 적게 산다.
물건을 쓰다 고장이 나면 무조건 버리지 말고 수선할 곳을 찾아본다.
입고 있는 옷의 상태가 좋으면 재활용 수거함이나 자선 단체 매장에 갖다 준다.
자선 단체 매장과 중고품 매장에 들러 좋은 질의 제품을 고른다.
지역 벼룩시장이나 인터넷 웹 사이트에서 중고 제품을 고른다.
가능하면 이웃이나 친구에게서 물건을 빌려 쓴다.
고기 섭취를 줄이거나 적게 먹는다.
재생 원료를 사용한 제품을 구매한다.
글로벌 푸드가 아닌 로컬 푸드를 구입한다.

도움말) 이 책은 과도한 소비로 인해 벌어지는 여러 문제점과 해결 방법을 친절하게 알려주고 있습니다. 나 한 사람이 당장 소비를 줄이면 가장 먼저 자신에게 이익이 됩니다. 건강을 얻을 수 있고, 돈을 아끼게 되어 돈을 벌기 위한 과도한 노동을 하지 않아도 됩니다. 또 지구 환경은 물론, 가난한 나라 노동자들의 삶을 바꿀 수 있습니다.

지금 우리는 돈만 있으면 어디서든 원하는 물건을 맘대로 살 수 있
다. 필통에는 색색이 예쁜 필기도구로 꽉 차 있지만 문구점에 들르면
또 다른 필기도구가 눈에 들어오고 사고 싶어진다. 하지만 무심코 한
나의 소비가 부메랑이 되어 나에게 피해를 줄 수 있다는 것을 이 책을
읽기 전에는 잘 몰랐다. 내가 고기를 많이 먹으면 고기를 생산하는 사
람은 더 많은 가축들을 길러야 할 것이고, 그 과정에서 가축들은 물건
처럼 대량 사육된다. 좁고 비위생적인 공간에서 항생제 같은 약물을
맞으면서 말이다. 그렇게 길러진 고기가 내 입으로 들어온다면 당연히
내 몸에도 좋을 리 없다.

채소들은 어떠한가? 채소들 역시 안전하지 않다. 요즘은 토종 종자
가 거의 없다. 농부들이 사서 심는 씨앗들은 대부분 유전자 변형으로
만든 GMO 씨앗이기 때문이다. 종자 회사들이 자기 회사의 씨앗을
사게 하려고 유전자 조작을 해놓았기 때문이다. 이런 GMO 농산물이
우리 몸에 들어와 어떤 문제를 일으킬지 불안하다. 엄청난 쓰레기들도
정말 문제다. 음식 쓰레기를 포함한 온갖 쓰레기를 태울 때 이산화탄
소를 비롯한 유해한 가스들이 나온다. 우리는 이에 경각심을 가져야
한다. 이 책을 읽으면서 평소 아무 생각 없이 쓰레기를 버린 게 후회가
되었다. 앞으로는 음식도 적정량만 먹고 쓰레기를 남기지 않도록 노력

할 것이다.

　난 평소 물건을 살 때, '내 돈으로 내가 사는데 뭐 어때?' 하는 생각으로 물건을 구매했는데 이 책을 읽고 소비가 얼마나 중요한지 깊이 깨달았다. 물건을 만드는 과정에서 가난한 나라의 노동자들이 고통을 받는다는 것, 물건을 만들 때 석유와 같은 에너지가 들어가고 운송 과정에서 이산화탄소를 배출한다는 것, 쓰레기를 남기고 그것을 처리하는 데 세금이 들어간다는 것 등 많은 사실들을 배웠다. 우리의 건강과 지구 환경을 위해 꼭 필요한 물건만 사야겠다.

최하연(언남중학교 1학년)

07

이유 있는
최강 한파

"두루미들은 낮에 남쪽으로 내려와
마을 근처 평야에서 먹이를 잡고,
밤에는 북쪽 비무장지대 안으로 들어가서 잠을 자죠.
비무장지대에선 사람들에게 시달리지 않고
평화롭게 쉴 수 있으니까요."

『지구가 뿔났다』
남종영 지음, 꿈결

환경 팀딩 기자가 쓴 생생하고 현장감 넘치는 지구와 환경 이야기. 멸종 위기에 처할 북극곰과 고래, 태평양의 쓰레기 섬, 체르노빌과 후쿠시마 원전 사고, 동해안과 서해안의 바다 쓰레기장 등 국내외 환경 문제를 직접 취재한 글과 사진으로 흥미롭게 풀어낸 책.

혹독한 여름과 겨울의 기온

지난여름은 유난히 더웠습니다. 기록에 따르면, 8월 날씨로는 서울에서 기상 관측을 시작한 1907년 이후 가장 더웠다고 합니다. 이렇게 폭염이 계속된 이유를 기상청은 북태평양 고기압의 영향으로 한반도 상공에 무더운 공기가 유입된 데다 강한 햇빛이 더해졌기 때문이라고 설명합니다. 하지만 환경 전문가들은 더 근본적인 원인은 석유와 석탄 같은 화석 연료 사용으로 인한 기후 변화 때문이라고 합니다. 화석 연료 사용이 해수 온난화 현상인 엘니뇨를 일으키고, 엘니뇨가 해마다 강해지면서 지구촌 기후에 영향을 준다는 것이지요.

엘니뇨는 원래 페루와 칠레 연안의 바다가 따뜻해지는 이상 현상을 말합니다. 보통 이상의 따뜻한 해수 때문에 정어리가 잘 잡히지 않자, 어부들이 '남자아이' 혹은 '아기 예수'라는 뜻의 엘니뇨^{el Niño}라는 이름을 붙였다고 합니다. 크리스마스 무렵인 12월 말에 이런 현상이 자주 일어났기 때문이라고 하지요.

엘니뇨는 무역풍에서 비롯됩니다. 무역풍은 지구 자전으로 인해 위도 20도 부근에서 적도 부근으로 부는 바람입니다. 무역풍이 불면 적도 지방의 열에너지가 동태평양, 서태평양으로 이동하지요. 그런데 이 무역풍이 약해지면 서태평양의 따뜻한 바닷물이 동태평양으로 밀려나 페루 연안의 바닷물 온도가 높아지는 엘니뇨 현상이 나타나는 것입니다.

엘니뇨 현상이 발생하면 필리핀 부근의 서태평양에서 고기압이 강하게 발달하게 되는데, 이 고기압의 영향으로 우리나라에 따뜻한 남서풍이 많이 불어오면서 여름이 유난히 더웠던 것입니다. 그럼 다음번 여름에도 이렇게 더울까요? 기상 전문가들이 내놓은 자료에 따르면 한반도는 점점 아열대 기후로 바뀌고 있는 중입니다. 2007년 국립기상연구소가 내놓은 미래 한반도 기후 전망에 따르면, 2100년 한반도는 강원도와 경기 북부 등 일부 산간 내륙 지방을 제외하고 전부 아열대 기후에 속할 것으로 나타났습니다.

그렇다면 겨울은 안 추울까요?『지구가 뿔났다』에서 저자가 자세히 알려준 바에 따르면, 한반도의 겨울은 예전보다 더 추워졌다고 말합니다. 겨울 한파 역시 지구 온난화로 인해 북극 바다의 얼음이 줄어들고 있는 것과 연관이 있다고 이야기합니다. 북극권 대기가 따뜻해지면서 북극 주변을 맴돌던 제트 기류가 약해진 탓이라는 것이지요. 제트 기류는 북극권을 돌면서 북극의 찬 공기와 중위도의 따뜻한 공기 사이에 일종의 벽을 형성합니다. 하지만 이러한 제트 기류가 약해지면서 두 공기 사이의 벽이 뚫렸고, 이 때문에 북극의 찬 공기가 점차 중위도 쪽으로 흘러 내려오기 시작합니다. 이에 따라 유럽과 중국 북부, 한반도에 한파와 폭설이 불어닥친 것입니다.

여름에는 뜨거운 폭염이, 겨울에는 최강 한파가 몰아치는 것은 지구 온난화와 연관이 있다.

국민 생선 명태는 어디로 갔을까?

페루 연안에서 정어리가 잡히지 않아 어부들이 울상을 짓고 있다고 했는데, 우리나라 어부들은 명태가 잡히지 않아 울상입니다. 1980년대만 해도 우리나라에서 명태는 해마다 10만 톤 이상 잡혔습니다. 하지만 2000년대 들어서 수십 톤으로 줄었습니다. 국민 생선이었던 명태가 왜 귀한 생선이 되었을까요?

저자가 알려주는 첫 번째 원인은 기후 변화입니다. 지구 온난화로 인해 수온이 높아지면서 명태가 사라졌다는 것입니다. 명태는 찬 바닷물에서 사는 한대성 어종입니다. 하지만 온도 변화에 민감하여 한겨울에는 조금 덜 추운 동해로 내려오고 한여름에는 다시 추운 오호츠크 해로 올라갑니다. 그런데 동해의 표면 온도가 1990년대에 12도였던 것이 2000년대에 들어서면서 15도를 넘었습니다. 명태는 온도 변화에 매우 민감한 물고기입니다. 명태가 느끼기에 동해는 너무 뜨거워졌습니다. 그래서 서식지를 옮겼을 것으로 추정됩니다.

두 번째 원인으로는 무차별적인 남획이라고 합니다. 특히 우리나라와 일본, 미국이 서로 경쟁적으로 명태를 잡는 바람에 명태가 사라졌다는 것이지요. 명태는 동해에서 오호츠크 해, 멀게는 베링 해까지 먼 거리를 여행하기 때문에 먼저 잡는 사람이 임자였습니다. 상대편에서 많이 잡으면 개체 수가 줄어 이쪽으로 오지 않을

게 뻔했지요. 어족 자원을 보호하기 위해 자국의 연안에서 잡지 않으면 그사이 다른 나라에서 잡아버릴 수 있으니 자신만 손해라고 여긴 것입니다. 이런 미묘한 경쟁이 남획으로 이어졌습니다.

저자는 이런 비극을 '공유지의 비극'이라고 말하고 있습니다. 주인이 없는 목장, 공유지가 있다고 해봅시다. 사람들은 하나둘씩 자신의 집에 있던 소를 데리고 나와 공유지에서 기르기 시작하지요. 목장의 주인이 없으니 사람들은 점점 경쟁적으로 더 많이 소를 데리고 나옵니다. 이내 목장은 소들로 넘쳐나고, 너무 많은 소들이 풀을 뜯어먹는 바람에 목장은 황폐해지고, 결국 소들은 먹을 것이 없어져 굶어 죽게 됩니다.

공유지의 비극은 공동체의 구성원이 자신의 이익에만 따라 행동할 경우, 결국 공동체 전체가 파국을 맞는다는 원리를 보여줍니다. 여기서 목장은 지구 또는 자연환경을 의미하지요. 주인이 없다고 해서 마구 쓰면 돌이킬 수 없는 피해를 불러온다는 것입니다. 여러 나라들이 무차별적으로 명태를 남획하여 명태가 사라진 것이 바로 공유지의 비극을 보여준 사례입니다. 명태는 보통 서너 살이 되어야 알을 낳을 수 있다고 합니다. 명태가 알을 낳고 번식할 수 있는 기회를 주면서 명태를 잡았다면 이렇게까지 되지는 않았을 것입니다.

그렇다면 이젠 '금태金太'가 된 명태가 다시 돌아올 수 있을까요? 2016년 10월 11일 해양수산부 발표에 따르면, 세계 최초로 '명태

명태 덕장이 즐비했던 강원도 해안마을. 명태 말리는 풍경을 더 이상 보기 힘들지도 모른다.

완전 양식'에 성공했다고 합니다. 2014년부터 '명태 살리기 프로젝트'를 진행해왔는데 드디어 자연산 명태에서 수정란을 확보하여 부화시키는 데 성공한 것입니다. 해수부는 2017년부터 양식을 통해 생산된 새끼들을 동해에 방류하고 있는데, 2018년에는 100만 마리를 동해 바다에 방류할 계획이라고 합니다. 과연 동해 바다에서 명태를 잡을 수 있을지는 두고 봐야 할 것입니다.

환경 위기에 대해 가장 잘 알아야 할 사람

저자가 머리말에서 밝힌 대로 산업 혁명 이후 지구는 그 어느 때보다 급진적인 변화를 맞이하고 있습니다. 화석 연료의 지나친 사용으로 인한 기후 변화, 과도한 개발로 인한 강과 갯벌의 자정 능력 약화, 원자력 발전소에서 일어난 방사능 누출 사고, 쓰레기 섬이 떠다니는 태평양, 멸종 위기에 처한 북극곰과 물범 등 현대 과학은 인류의 생활 수준을 높였지만 한편으로 커다란 위기와 모순을 가져온 것이지요. 여기에 가축의 대량 사육으로 인한 질병 발생과 가습기 살균제, 석면과 같은 화학 제품의 피해, 우리의 혀를 설탕으로 중독시키고 있는 가공식품의 문제점까지 우리의 삶의 질을 저하시키는 환경 문제가 산적해 있습니다.

그렇지만 우리에게는 문제를 슬기롭게 풀어온 경험이 있다고 저자는 말합니다. 국제 사회가 협력한 결과 오존층 파괴는 더 이상 확대되지 않았고, 남극은 인류 공동의 땅으로 보존되었습니다. 그리고 여러 나라에서 원전을 폐기하며 '탈핵'을 선언하고 있는 것도 희망을 보여준 사례입니다.

그러므로 지구를 살리는 첫걸음은 바로 지구 환경 문제에 대해 관심을 갖는 것입니다. 책 제목처럼 지구가 왜 뿔이 났는지 그 이유를 알아야겠지요. "환경 위기에 대해 가장 잘 알아야 할 사람은 다름 아닌 청소년들이다." 전 유엔환경계획 사무총장 클라우스 퇴퍼가 한 말을 다시 떠올려봅니다.

1. 이 책에는 매머드 이야기가 나옵니다. 초식 동물 매머드는 약 480
   만 년 전부터 4,000년 전까지 유라시아 대륙에서 아메리카 대륙에
   걸쳐 광범위하게 분포되어 살았던 동물입니다. 매머드가 사라진 이
   유에 대해서는 기후 변화 때문이라고 말하는 학자도 있고, 인간의
   과도한 사냥 때문이라고 주장하는 학자도 있습니다. 그런데 최근
   극동 지역의 얼음 속에서 만 년 동안 묻혀 있던 매머드 사체를 발
   견했고, 그 혈액을 추출하는 데 성공했다고 합니다. 일부 과학자들
   은 매머드를 복원할 가능성을 찾고 있다고 하는데, 복원하는 게 옳
   은 일일까요?

·····>

도움말) 매머드 복원은 매머드의 정자를 코끼리의 난자에 주입하여 수정시킨
후 암컷 코끼리의 자궁에 안전하게 착상시킬 때 가능한 일입니다. 설령 착상이
된다 해도 매머드가 코끼리 몸 안에서 잘 자라 태어날 수 있을지도 모르는 일이
지요. 멸종 동물 복원 프로젝트를 추진하는 사람들은 매머드를 복원한 후 넓은
공원을 조성하여 매머드가 살도록 한다는 계획을 세우고 있습니다. 하지만 매
머드 복원을 반대하는 사람들은 과연 막대한 비용을 들일 만큼 멸종 동물 복원
이 중대한 일인지 묻습니다. 매머드가 복원된다 해도 지구 기후가 변했기 때문
에 잘 생존할 수 있을지도 의문이라고 말하지요. 일부 과학자들의 멸종 동물 복
원 계획에 대한 의견을 정리해보세요.

2. 아프리카에 서식하는 검은코뿔소는 멸종 위기 동물입니다. 이에 2000년 초 야생동물보호단체와 정부에서는 검은코뿔소를 보호하기 위한 대책을 내놓았습니다. 그것은 검은코뿔소 사냥을 일부 허용하는 것입니다. 즉, 사냥꾼들은 15만 달러라는 거액을 내고 합법적으로 코뿔소 사냥을 할 수 있습니다. 이에 목장주들은 돈을 벌기 위해 코뿔소의 번식과 사육을 늘리고 밀렵꾼들로부터 코뿔소를 지키려고 하겠지요. 실제로 이 제도를 실시한 후 검은코뿔소의 수가 증가하기 시작했습니다. 이에 대한 반대 의견도 많습니다. 어떻게 하는 것이 좋을까요?

·····>

도움말) 검은코뿔소는 상당히 위험하고 죽이기 어려운 동물이어서 트로피 헌팅을 좋아하는 사냥꾼들에게 표적이 되었습니다. 트로피 헌팅은 사냥을 오락처럼 여기고 사냥한 후 박제를 하거나 음식으로 먹는 것을 말합니다. 이 제도의 시행으로 러시아의 억만장자와 미국인 금융가들이 돈을 내고 합법적으로 사냥을 했습니다. 목장주들이 돈을 벌기 위해 코뿔소를 적극적으로 보호했기 때문이지요. 결국 검은코뿔소의 멸종을 막기 위한 목적은 달성되었습니다만, 멸종동물을 보호한다는 이유로 잔인한 사냥을 허용하는 것에 대한 비난 여론도 매우 높습니다. 합법적인 것은 모두 정당한 것일까요? 다른 대안은 없을까요?

┌─┬─┬─┬─┬─┬─┬─┬─┬─┬─┬─┬─┬─┬─┐
│ │ │ │ │ │ 친 │ 구 │ 의 │ │ 글 │ │ │ │ │
└─┴─┴─┴─┴─┴─┴─┴─┴─┴─┴─┴─┴─┴─┘

『지구가 뿔났다』는 '생각하는 십대를 위한 환경 교과서'라는 부제가 참 잘 어울리는 책이라고 느꼈다. 나 같은 청소년들이 꼭 알아야 할 내용이 잘 소개되어 있기 때문이다. 이 책은 무엇 때문에 지구가 뿔이 났는지 잘 알려준다. 지구가 뿔이 난 이유는 바로 우리들 때문이다. 마침 이 책에 '가습기 살균제'에 대한 얘기가 나왔다. 뉴스를 통해 가습기 살균제로 인해 발생한 불행한 일들에 대해 알고 있었는데, 이 책에서 저자를 통해 과학적으로 더 잘 알 수 있게 되어 좋았다. 우리가 무심코 습관적으로 사용하는 화학 제품들이 얼마나 우리 인체에, 또 자연 생태계에 악영향을 끼치는지 새삼 깨닫게 되었다.

특히 원자력 에너지에 관한 내용도 생각할 점이 많았다. 유럽이나 미국 등 더 이상 원전을 짓지 않기로 한 나라가 많다고 하는데 우리나라는 앞으로도 원자력 발전소를 더 짓는다고 한다. 원전을 짓는 이유가 단순히 전기를 얻고 산업 발전에 도움이 되기 때문일까? 결국 돈을 더 많이 벌겠다는 욕심, 편리하게 살고 싶은 마음 때문일 것이다. 그렇다면 우리는 생명을 담보로 돈이나 편리함을 얻고 있는 것이다.

이 책의 마지막에 나오는 설탕 중독에 대한 부분도 충격을 주었다. 돈을 벌기 위한 기업과 일부 과학자들의 열정(?)이 우리의 건강을 해치고 있다. 이렇게 돈벌이를 위한 부도덕한 일들이 계속된다면, 그리고 그런 일들을 그대로 방치한다면 지구는 병들어가고, 나중에는 우리 모두 말라비틀어져 가루가 되어 바람과 같이 사라져갈 것이다. 이 책은 그것을 경고하고 있으며 뼈저리게 알려주고 있다. 그래서 이 책을 읽는 우리에게 막중한 책임감을 준다. 당장 나부터, 여럿이 함께 뿔난 지구를 달래기 위해 무언가를 해야겠다는 생각을 했다. 동아리 활동이나 서명 운동도 생각해보았다. 나는 우리나라의 청소년들에게 이 책을 꼭 읽어보라고 권하고 싶다. 우리 세대만을 위해서가 아니라, 우리 자식의, 자식의 자식 세대까지를 위해서 말이다.

_황덕룡(구현고등학교 2학년)

08

길고양이에게
먹이를 줘도 되나요?

"인간은 생태계에서 초월적 존재가 아니야.

이러한 시각에서 우리는 사람을 비롯하여

다른 생명들을 어떻게 대해야 하는지

최소한의 기준을 다시 한 번 생각해봐야 해."

『살아 있는 것들의 눈빛은 아름답다』
박종무 지음, 리수

우리가 먹는 치킨이 모두 암탉인 이유, 조류독감이 발생하는 진짜 이유, 가축 전염병에 걸린 동물들을 살처분하는 이유 등 일상에서 흔히 접하지만 제대로 알지 못했던 문제들을 통해 생명에 대한 새로운 인식의 장을 열어준다.

불편한 동거 vs. 평화로운 공존

길고양이를 돌보는 사람들, 일명 캣맘과 길고양이를 퇴치해야한다는 사람들 간의 갈등이 심심찮게 뉴스로 나오고 있습니다. 길고양이를 싫어해서 잔인하게 죽이거나 캣맘을 위협하는 사람이 있는가 하면, 자신이 돌보던 길고양이의 밥그릇을 치운 것에 앙심을 품고 차량에 불을 지른 사람도 있었습니다. 길고양이를 돌보는 것을 반대하는 사람들은, 사람 먹을 것도 없는데 왜 유기견이나 길고양이를 돌보느냐고 불만을 표하고, 찬성하는 사람들은 동물들도 도시 안에서 인간과 함께 살아갈 권리가 있는 생명체임을 잊지 말자고 말합니다.

또 길고양이 돌보는 것을 반대하는 사람들은 집 주변에서 길고양이들이 우는 소리 때문에 잠을 설치고, 길고양이들이 쓰레기통을 뒤져 동네를 어지럽히는 것도 문제이지만, 길고양이에게 계속 먹이를 주는 바람에 개체 수가 급격히 늘고 있는 게 더 큰 문제라고 말합니다. 이에 대해 길고양이를 돌보는 사람들은 길고양이는 인간이 먹이를 주지 않으면 살 수 없는 불쌍한 처지이므로 사람들이 다소 불편하더라도 돌봐주어야 한다고 주장합니다.

이렇듯 도시의 길고양이 때문에 갈등이 생기자 최근에는 행정기관이 나서서 길고양이들에게 중성화 수술을 해주기도 합니다. 중성화 수술은 길고양이를 인도적인 방법으로 포획한 후 더 이상 번식하지 못하도록 하는 조치입니다. 서울시는 2, 3, 9, 10월 중 '길고양이 중성화의 날'을 정하고 수의사와 함께 길고양이 밀집 지역을 중심으로 중성화 수술을 진행하고 있습니다. 길고양이의 서식 장소를 잘 알고 있는 캣맘들이 길고양이를 포획하고, 수의사들이 수술을 한 후 상처가 아물면 방사합니다. 강동구의 경우 2013년부터 전국에서 처음으로 길고양이 급식소 61곳을 만들어 운영하고 있습니다. 또 지방자치단체로는 드물게 '동물복지 및 생명존중문화 조성 조례'를 제정하고 반려동물 문화 교실도 운영하고 있다고 합니다.

동물의 생식 기능을 제거하는 중성화 수술에 반대하는 사람들도 있습니다. 하지만 수의사들뿐만 아니라 동물보호단체에서도 중성화 수술이 길고양이들이 인간들과 공존하며 살아갈 수 있는 가장 현실적인 방법이라고 말합니다. 이번에 소개할 책 『살아 있는 것들의 눈빛은 아름답다』의 저자 박종무 선생님 역시 중성화 수술이 현재로선 가장 합리적이고 유용한 방법이라고 말합니다. 생명이 있는 동물의 생식 능력을 임의로 조절하는 것이 최선의 방법은 아니지만, 인간과 함께 같은 공간에서 살아가기 위해서는 어쩔 수 없다는 것이지요. 특히 가장 큰 이유는 고양이의 엄청난 번식력 때문입니다.

고양이가 1년에 낳을 수 있는 아기 고양이 수는 20마리입니다. 그런데 아기 고양이는 빠르면 생후 7개월 정도부터 발정을 시작하

길고양이들과 현명하게 공존하는 법을 찾아야 한다.

고 임신을 할 수 있으므로 그 수가 기하급수적으로 늘어날 수 있습니다. 충분한 음식과 공간만 확보된다면 한 마리의 암고양이가 12년 동안 최대 3,200마리로 증가할 만큼 번식력이 뛰어납니다. 따라서 중성화 수술을 하면 개체 수가 조절되어 생태계 구조가 안정되고, 발정을 하지 않게 되어 발정기에 나타나는 소음 공해를 막을 수 있어서 긍정적이라는 것입니다. 고양이의 질병을 예방하는 데에도 도움이 되고요.

저자가 중성화 수술을 권하는 이유는 또 있습니다. 길고양이들이 안락사 되는 것을 막을 수 있기 때문이지요. 길고양이나 유기견을 신고하면 동물구조협회에 보내지는데 그곳에서 10~20일이 지나도록 주인이 나타나지 않거나 입양되지 않으면 대부분 안락사됩니다. 유기 동물을 수용할 시설이 부족하기 때문이지요. 한 해에 버려지는 개만 해도 공식적으로 10만 마리에 이릅니다. 집계되지 않은 유기견까지 합치면 훨씬 많을 것입니다. 그 수가 너무 많다보니 유기 동물들을 돌볼 수 있는 예산이 부족하여 결국 안락사시키는 것입니다. 말이 안락사이지 사실상 살처분인 셈입니다.

유기 동물이 살처분 되는 것을 막으려면 당연히 유기 동물 발생을 줄여야겠지요. 유기 동물을 줄이는 방법은 반려동물의 몸에 마이크로칩을 삽입하는 동물등록제를 강화하는 방법과 유기 동물을 적극적으로 재입양하는 방법이 있습니다. 하지만 가장 근본적인 것은 반려동물을 끝까지 돌보겠다는 책임감을 갖는 것입니다.

유명무실해진 동물보호법

여러 매체를 통해 이미 알려졌지만 저자는 애견 번식장의 열악한 환경에 대해서도 지적하고 있습니다. 인터넷을 비롯하여 애견센터에서 판매하고 있는 강아지들 대부분이 번식장에서 태어난 강아지입니다. 몇 해 전 텔레비전 프로그램에서 애견 번식장의 실태를 취재한 적이 있었습니다. 번식장의 열악한 환경은 많은 이들에게 충격과 분노를 일으켰지요. 번식장에서는 좁은 비닐하우스에 케이지를 쌓아 그곳에 어미 개를 가두고 키우면서 새끼를 낳게 합니다. 어미 개들은 1년에 두 번 생리를 하는데 그때마다 교배를 시켜 새끼를 낳게 합니다. 좁은 곳에 갇혀서 주는 사료만 먹고 새끼만 낳는, 일종의 번식 기계인 셈입니다. 청소도 제대로 되어 있지 않고 환기도 되지 않은 곳이어서 냄새도 심하고 냉난방도 잘 안 되어 있습니다. 그러다 보니 어미 개의 몸은 쉽게 망가져 5, 6년이 넘어가면 새끼를 낳을 수 없게 됩니다. 이렇게 쓸모가 없어진 어미 개들은 어디로 갈까요?

개 경매장에서는 강아지만 경매하는 것이 아니라 늙은 개도 경매한다고 합니다. 주로 덩치가 큰 개들 중에 '폐견'이 된 개들은 전기 도구로 감전시켜서 도살되는데 그 과정에서 개들은 극심한 고통을 받으며 죽어갑니다. 이렇게 도살된 개들은 육견으로 팔려 나갑니다. 동물보호센터와 동물보호감시원들이 현장에 달려가 개들이 고통스러운 죽음을 당하는 것을 확인했지만 그것을 현실적으로 막을 방법이 없다고 합니다. 우리나라에는 분명 동물보호법이 존재하는 데 말입니다. 동물보호법 제10조 2항에는 "동물을 죽이는 경우에는 가스법·전살법 등 농림수산식품부령이 정하는 방법을 이용하여 고통을 최소화하여야 하며, 반드시 의식이 없는 상태에서 다음 도살 단계로 넘어가야 한다"라고 나와 있습니다.

모든 동물은 생명권이 있다

  20여 년 넘게 동물 병원을 운영하면서 유기 동물 보호에도 앞장
서고 있는 저자가 이 책을 통해 계속 힘주어 강조하는 것은 모든
생명은 그 자체로서 존재의 의미를 지니고 있다는 것입니다. 바로
'생명권'입니다. 이것은 인간에 의해서 부여되는 것이 아니라 생명
체이기 때문에 기본적으로 갖고 있는 것입니다. 그 첫째가 거주할
공간을 가질 권리입니다. '우리가 동물에게 그런 것까지 제공해야
해?'라는 생각을 가질지 모르나, 그렇지 않습니다. 이 지구라는 공
간은 모든 생명에게 주어진 공간이지 인간에게만 독점적으로 주어

지는 공간이 아니기 때문이지요. 그러므로 우리가 사는 곳에서 동물과 공존을 모색해야 하는 것입니다.

둘째는 동물을 인간을 위한 소모품이나 돈벌이 대상으로 여기는 것을 멈추어야 한다는 것입니다. 열악한 환경에서 죽을 때까지 강제로 새끼를 낳아야 하는 어미 개나 어미 돼지들이 있습니다. 그런가 하면 양계장에서 태어난 수평아리들은 쓸모없다는 이유로 낳자마자 기계에 갈려서 다른 동물의 사료로 쓰입니다. 통계에 따르면 한 해에 약 7억 마리에 가까운 수평아리들이 태어나자마자 이렇게 죽임을 당한다고 합니다. 단지 돈벌이가 되지 않는다는 이유로 말이지요. 그런가 하면 살아남은 암탉들은 산란율을 높이려고 강제로 털갈이를 시킵니다. 사료와 물을 주지 않으면 닭들이 스트레스를 받아 털이 빠지게 되고, 그러면 산란율이 높아집니다. 유럽연합에서는 닭들을 좁은 케이지에 키우고 강제로 털갈이를 시키는 것을 전면 금지했으나 잘 지켜지지 않은 것 같습니다.

"모든 생명은 존재 의미가 있으며 생태계 내에서 서로 유기적인 관계를 맺으며 존재한다. 그런데 인간은 생명들의 유기적인 관계를 무시하고 독보적으로 우월한 존재라고 생각하며 다른 생명을 마구 폭력적으로 대한다"라는 저자의 말을 깊이 새겨야 하겠습니다.

1. 동물보호단체에서는 개고기 식용 반대 운동을 벌입니다. 그런데 소나 돼지는 먹지 말자고 운동을 하지는 않지요. 개고기 먹는 것에 찬성하는 사람들은 개도 소나 돼지처럼 가축이기 때문에 먹어도 된다고 말하기도 합니다. 왜 동물보호단체에서는 다른 동물보다 개고기 먹는 것을 더 반대할까요?

····>

도움말) 이 책에 따르면 동물보호단체에서는 소나 돼지도 가급적 먹지 말자고 말합니다. 하지만 개고기를 우선적으로 반대하는 이유는 개가 사람과 더 가까이 살고 있는 동물이기 때문입니다. 동물 실험 중에서도 유인원은 더 강력하게 금지하고 있는데, 그 이유는 바로 유인원이 우리 인간과 유전적으로 가장 비슷한 만큼 공감하는 정도도 클 거라고 생각하기 때문입니다. 그러므로 개고기를 금지하는 것은, 소나 돼지를 차별해서가 아니라 개를 반려동물로 집에서 기르기 때문입니다. 한 집에서 살고 있는 인간과 개는 소나 돼지보다 공감의 거리가 훨씬 가깝지요. 모르는 사람의 고통보다 가족이 겪는 고통이 더 크게 느껴지는 것처럼 말이지요.

2. 아래 글은 아메리카 원주민의 연설문 모음집 『나는 왜 너가 아니고 나인가』의 서문 중 일부입니다. 이 글을 읽고 나서 평소 자연을 대하는 자신의 태도를 돌아보고 자연에 감사의 마음을 전하는 시를 지어보세요.

어렸을 때 나는 나의 부족의 어른과 함께 산길을 걷다가
지팡이가 필요해 작은 나뭇가지 하나를 꺾었다.
지팡이를 들고 자랑스럽게 걷는 나를 보고
부족의 어른은 내가 올바른 방법으로
그것을 손에 넣었는지 물었다.
나무에게 허락을 구했는가? 꼭 필요한 만큼만 잘랐는가?
나무에게 선물을 바쳐 감사 표시를 했는가?
그냥 나뭇가지를 잘랐을 뿐이라고 대답하자,
그 어른은 나를 데리고 나무에게 가서
가지가 잘라진 부분을 만지게 했다. 그리고 무엇을 느끼느냐고 물었다.
내가 축축한 것이 느껴진다고 하자 그는 말했다.
나무가 울고 있기 때문이라고. 그러면서 그는,
자연에게서 무엇을 취할 때는 반드시 그 주인에게
허락을 구해야 한다고 말했다.

『나는 왜 너가 아니고 나인가』(류시화 엮음. 더숲)에서 발췌

도움말) 지구에 살고 있는 모든 생명체는 유기적인 관계를 맺고 살고 있다는 저자의 말을 생각하며 평소 자연으로부터 받고 있는 혜택을 떠올려보세요. 인간 중심적인 시각이 아닌 자연물, 나무나 꽃, 동물들의 입장에서 바라보면 그들의 고통에 공감하고 감사하는 마음이 생길 것입니다.

				친	구	의		글				

이 책을 읽고 공감하는 점이 참 많았습니다. 저도 반려동물을 키워 본 적이 있고 동물을 좋아하기 때문입니다. 이 책의 저자는 수의사로 동물 병원 앞에 버려진 동물들을 치료하고 주인을 찾아주는가 하면 다른 가정에 입양되도록 애쓰는 분입니다. 동물을 사랑한다고 말하지 만 막상 그것을 실천하는 것은 쉽지 않은 일인데 참 훌륭하다고 생각 합니다.

우리 집 주변에도 길고양이가 여러 마리 있습니다. 그 고양이들에 게 밥을 주는 사람이 있습니다. 길고양이가 울어대고 쓰레기통을 뒤 져 지저분해진다고 싫어하는 사람의 마음도 이해할 수 있습니다. 그래 도 길고양이를 돌봐주는 게 옳다고 생각합니다. 고양이도 세상에 태 어난 생명인 이상 함께 살아갈 권리가 있다는 저자의 말에 적극 공감 하기 때문입니다. 가끔 반려동물이 귀엽다고 샀다가 쉽게 버리는 경우 를 봅니다. 성격이 맘에 안 들거나 귀찮다는 이유로 버리기도 합니다.

반려동물은 결코 장난감이 아닙니다. 그들에게도 감정이 있습니다. 그들은 인간과 살면서 인간을 친구로 여기고 친구처럼 놀았습니다. 그 런 반려동물을 버리는 것은 너무 무책임합니다. 이 책에서 말했듯이 반려동물을 살 때 이 반려동물을 책임지고 키울 수 있는지를 생각해 봐야 합니다. 버려진 유기 동물들은 동물보호소에 가지만 대부분 주인이 안 나타나면 안락사 됩니다. 그들도 세상에서 살 권리가 있는데 단지 인간에게 불편을 준다는 이유로 죽임을 당해야 하는 건 너무 부당합니다. 또 닭이나 돼지, 소들도 인간에게 고기를 제공하기 위해 너무 가혹하게 희생을 하고 있습니다.

인간이 다른 동물보다 더 우월하다고 여기는 이유는 무엇일까요? "나는 생각한다. 고로 존재한다"고 철학자 데카르트가 말했듯이, 우리 인간은 이성을 가진 존재입니다. 다른 생명을 하찮게 여기고 학대하는 것은 인간답지 않다고 생각합니다. 반려동물을 끝까지 책임질 줄 아는 인간이 되었으면 좋겠습니다.

_이유정(대방중학교 3학년)

2부

과학 기술과
미래 사회

사물들이
이야기를 나누는 세상

"구글 나우가 지금은 우리의 비서 노릇을 하고 있지만,

그것은 트로이의 목마처럼 우리의 주체성을 파괴한 다음

언젠가 우리의 의사 결정을 대신 내려주는

주인이 될 수도 있다."

『사물인터넷』
편석준, 진현호, 정영호, 임정선 지음, 미래의창

모바일 업계의 최전선에서 뛰는 전문가들이 사물인터넷의 현재와 미래를 소개하고, 사물인터넷이 개인의 삶에 미칠 영향에 대해 살펴본다. 현재 출시된 다양한 종류의 사물인터넷 관련 상품들을 소개하면서 우리가 스마트 혁명의 초입에 들어섰음을 알린다.

내게도 〈아이언 맨〉의 자비스가 있다면?

1992년에 개봉한 월트디즈니 애니메이션 〈미녀와 야수〉에는 집 안에 있는 시계와 촛대, 찻잔, 주전자가 서로 이야기를 나누는 장면이 나옵니다. 이처럼 사물들이 말하는 세상, 공상 과학 영화나 판타지 소설에서나 볼 수 있던 장면이 실제로 우리 눈앞에 펼쳐진다면 어떻게 될까요? 그런데 우리는 이미 그런 세상 속으로 들어왔습니다. 바로 사물인터넷IoT, Internet of Things 시대입니다.

이번에 소개할 책 『사물인터넷』에서는 사물인터넷을 포스트 스마트폰이라고 부릅니다. 스마트폰 시대 이후의 새로운 시대라는 뜻입니다. 사물인터넷의 목표는 인간의 개입 없이 인터넷으로 연결된 사물들이 각자 알아서 커뮤니케이션하는 환경을 만드는 것입니다. 사물들이 서로 소통하려면 생명체처럼 입과 귀, 그리고 판단할 수 있는 뇌가 필요하겠지요. 사물인터넷에서 '센서'는 주위의 반응을 읽는 귀이고, 다른 사물에게 반응의 결과를 전달하는 '네트워크'는 신경회로이며, 데이터를 보관하는 '클라우드'는 기억이고, 활용하고 판단하는 방식인 '빅데이터 분석'은 뇌가 됩니다.

1998년 P&G에서 일하던 케빈 애슈턴Kevin Ashton이라는 사람이 처음 사물인터넷이라는 말을 사용한 이후 구글, 애플, IBM, 아마존 등 세계적인 IT 기업들과 삼성, LG 등 우리나라의 기업들이 사물인터넷 시장에 뛰어들었습니다. 초기에 사물인터넷 기술은 고속도로 하이패스에 적용하거나 목장의 젖소에 센서를 부착하여 건강 상태나 임신 여부를 체크하는 정도로 시작하였지만, 현재는 하루가 다르게 발전을 거듭하고 있습니다.

사물인터넷이 가장 먼저 시동을 건 분야는 헬스케어 분야입니다. 2013년 8월 구글은 '구글 글래스' 소프트웨어인 '오그메딕스'를 만들어서 의사들에게 테스트하도록 했습니다. 청진기처럼 의사를 보조하는 기능인데 '보이는 청진기'인 셈입니다. 200명의 의사들에게 테스트한 결과 단 3명만이 구글 글래스 착용에 반대했습니다. 그보다 전인 2013년 4월에는 구글 글래스의 글래스 익스플로러를 통해 수술 장면을 다른 의사의 집무실로 생중계하는 데 성공했습

니다. 환자의 정보를 전송받거나 환자의 상태를 스캔해 바로 분석하는 것도 구글 글래스를 통해 가능합니다. 당연히 진료의 효율성과 정확성을 높일 수 있겠지요.

이외에 손목에 감는 밴드나 스마트워치, 스마트 지팡이 등도 있습니다. 스마트 지팡이는 단순히 내비게이션 기능만 있는 게 아니라 심박수 측정 등 헬스케어 기능도 갖추고 있는데, 스마트 의류, 스마트 신발 등이 계속 개발 중이거나 이미 출시되었지요. 바이탈리티 사의 스마트 약병인 글로우캡은 꾸준히 약을 복용해야 하는 사람들에게 필요한 제품입니다. 뚜껑에서 빛과 소리가 나서 정확한 시점에 약을 먹을 수 있게 해주며, 일정 시점이 지나기까지 뚜껑을 열어 약을 복용하지 않으면 핸드폰이나 집 전화로 연락을 해복용 시점을 알려줍니다. 옴시그널 사의 스마트 의류는 옷에 내장된 센서를 통해서 심박수와 호흡 상태, 칼로리 소모량, 운동량 등을 모니터링합니다. 이를 통해서 스트레스 관리를 할 수 있으며, 몸에 이상이 생기면 알림 문자가 전송됩니다. 2014년 1월 구글은 당뇨병 환자의 눈물을 분석해 체내 혈당 수치를 분석해주는 스마트 콘택트렌즈 시제품을 선보이기도 했습니다.

헬스케어를 시작으로 사물인터넷 시장은 스마트카, 스마트홈, 더 나아가 스마트 도시로 확장되고 있습니다. 스마트홈 시대가 되면 가정 내 가전제품이나 조명, 난방, 전기기기 등이 서로 연결되어 센서를 통해 외부 침입을 감시하고, 화재 센서, 공기 감지 센서

[*] 사물인터넷 시장에서 헬스케어 기능을 갖춘 제품들이 속속 선보이고 있다.

등이 집 안을 살펴서 위급 상황 발생 시 알림과 긴급 출동이 이루 어지게 됩니다. 집에 우유가 떨어졌을 때 냉장고가 알아서 우유를 배달시키거나 냉장고에 오래된 식품이 무엇인지도 알아서 알려줍 니다. 가사 도우미 역할을 하는 것이지요. 영화 〈아이언 맨〉에서 주인공을 돕는 메인 컴퓨터 '자비스'처럼 말이지요.

사물인터넷 시대, 새로운 고민의 등장

사물인터넷 세상은 우리 인류를 편리하고 행복하게 만들어줄까요? 혹시 인류를 위협하는 것은 아닐까요? 저자들은 후자의 질문에 대해 "예스"라고 대답합니다. 사물인터넷에 연결된 사물의 숫자가 많아질수록 우리의 일상은 거울에 복사되듯이 클라우드에 속속들이 저장될 것입니다. 이렇게 저장된 정보를 개인이나 기업이 독점하여 악용할 경우 다수가 피해를 입겠지요. 법적 책임 공방도 많아질 수 있습니다. '원격 진료'의 경우, 사물인터넷 시대로 접어들면 환자의 상태는 365일 체크됩니다. 이렇게 체크된 것을 바탕으로 원격으로 환자 진료가 가능해진다면 어떤 일이 발생할까요? 만에 하나 진단 과정에서 오류가 발생하여 잘못된 보고로 인해 사고가 날 경우 사물인터넷이 그 책임을 져야 할까요? 어느 정도까지 책임질 수 있을지 법적인 논란이 많아질 것입니다.

어쩌면 우리는 사물인터넷을 끌 권리를 요구하느라 고심할지도 모릅니다. 그래서 이 책의 저자들은 사물인터넷 시대에 "모든 사물에는 자물쇠가 채워져야 한다"는 원칙을 세웁니다. 개인 정보의 본인 결정권이 있어야 한다는 설명입니다. 예를 들어, 도처에 깔려 있는 CCTV의 경우, CCTV 성능이 향상되면서 개인의 얼굴과 자동차 번호판 등이 고화질로 촬영 및 데이터화되어 자동 분류됩니다. 이 CCTV 데이터가 고스란히 해킹된다면 어떻게 될까요? 실제로 2013년 초에 뉴스로 보도되었는데, 세계 각국의 CCTV를 모아놓은 인터넷 사이트에서 서울 강남의 거리가 실시간으로 중계되는 일이 있었습니다. 지나가는 사람들의 대략적 인상착의까지 알아볼

CCTV는 범죄 예방이냐 사생활 침해냐를 두고 논란이 계속되고 있다.
개인 정보 보호 문제는 앞으로도 가장 큰 쟁점이 될 것이다.

수 있을 정도였습니다. 범죄 예방을 위해 설치한 CCTV 데이터가 해킹되어 인터넷 웹 사이트에 올라간 것이지요.

앞으로 사물인터넷 시대가 본격화되면 얼굴 인식 기술, 숫자 인식 기술, 영상 자동 분석 기술 등이 더욱 고도화될 것이 자명합니다. 모든 곳에 센서가 있습니다. 마치 공기처럼 말이지요. 모든 사물에 센서가 부착되고 이 센서에는 GPS가 기본 탑재될 것입니다. 흔하게 볼 수 있는 혈당 체크기와 인터넷에 연결된 체중계, 그리고 몸 안에 붙이고 다니는 심박 체크기 역시 논란 대상입니다. 결국 사물인터넷 세상에는 우리가 생각할 수 있는 거의 모든 것에 보안 위협이 제기됩니다.

'잠깐 멈춤'의 지혜

혹시 우리 삶 자체가 하나의 거대한 데이터 송수관이 되어버리는 것은 아닐까요? 지금은 구글 어시스턴트, 애플 시리가 우리의 비서 노릇을 하지만 언젠가는 우리의 의사 결정을 대신 내려주는 주인이 될 수도 있습니다. 헬스케어가 발전하면 우리 몸과 정신이 하나의 기계처럼 정비받아야 할 객체로 전락될 수 있습니다.

◦ 인공위성과 통신하며 현재 위치를 파악할 수 있는 장치.

구글의 전 회장 에릭 슈밋Eric Schmidt은 "만약 다른 사람들에게 알려지는 것을 원치 않는다면 어디에도 그 내용을 기록해서는 안 된다"라고 말한 적이 있습니다. 다른 사람들이 자신의 정보를 알 수 없게 하려면 어떤 내용도 인터넷에 올려서는 안 된다는 것입니다. 하지만 나의 의지만으로 정보를 지키는 것이 가능할까요? 더구나 우리는 모든 정보를 누가 강요해서가 아니라 자발적으로 공개하고 있는데 말입니다.

　전 세계적으로 구글 글래스를 착용하는 사람은 입장을 금지시키는 곳이 나타나고 있습니다. 앞으로 개인 정보 보호 논란은 더 자주 논란거리가 될 것입니다. 당장 우리가 할 수 있는 것은 이것입니다. 페이스북에 '좋아요'라고 누르기 전에, 인터넷 검색창에 단어를 치기 전에, 우리의 위치 정보를 공개하기 전에, 센서가 달린 제품을 몸에 부착하기 전에, 잠깐 멈춥니다. 그리고 생각해봅니다. 내가 제공한 정보가 누구에게 어떻게 흘러가서 사용될지를 말이지요.

생각 근육 키우기

1. 애플 사를 만든 스티브 잡스는 "창의성이란 단지 모든 것을 연결하는 것이다"라고 했습니다. 사물인터넷 시대에 필요한 창의성은, 전에 없던 것을 기발하게 제시하는 것이 아니라 사람들이 필요로 했지만 아직 나오지 않은 새로운 상품이나 서비스를 발견하는 것입니다. 여러분이 '빅데이터 과학자'라면 어떤 서비스 제품을 만들거나 제공하고 싶은지 생각해보세요.

⋯⋯>

도움말) 사람들이 언제 불편함을 느끼는지, 또 어떤 것이 개선되면 좋은지 정확하게 파악한 다음 상품과 서비스를 만드는 것이 '빅데이터 과학자'가 하는 일입니다. 예를 들어, 조만간 무인 자동차가 상용화된다고 하지만 설문조사 결과 60퍼센트의 사람들은 무인 자동차를 완전히 신뢰하지 못하는 것으로 나타났습니다. 더구나 아동을 동반할 경우 신뢰도가 40퍼센트대로 떨어졌습니다. 이런 상황에서 필요한 상품이나 서비스가 무엇일지 생각해보세요. 자동차 보험 관련 상품이나 새로운 법, 제품들을 상상해보세요

2. "미래의 공장에는 개 한 마리와 직원 한 사람만 존재하게 될 것이다. 개는 사람이 장비를 건드리지 못하도록 하기 위해 필요하고, 사람은 개 먹이를 주기 위해 필요하다." 미래학자들은 사물인터넷 시대, 인공 지능 시대가 본격화되면 점점 노동하지 않는 인간이 된다고 말합니다. 즉, 직업은 사라지고 일만 남는다는 것이지요. 노인 복지 컨설턴트, 수직형 빌딩 농부, 나노 의사, 기후 변화 전문가, 신과학윤리학자는 〈미래 연구소〉에서 발표한 미래 유망 직종 다섯 가지입니다. 노동하는 시간보다 자유 시간이 많아질 미래 사회에 살아가기 위해서 어떤 준비를 해야 할지, 자신이 하고 싶은 일이나 진로와 연결지어 생각해보세요.

⋯⋯>

도움말) 미래를 예견하는 전문가들은 사물인터넷 시대가 열리면서 기존의 대기업 체제가 무너지고 새로운 IT 기업들이 산업을 주도할 것이라고 말합니다. 심지어 모든 기업이 IT 기업이 되어야 살아남는다고 합니다. 박영숙 유엔미래포럼 대표는 한 인터뷰에서 삼성이 보유한 기술도 80~90퍼센트가 사양산업군에 속하는 것이라며 혁신이 없다면 삼성전자, 한국전력, 포스코, 현대기아자동차도 소멸 후보군에 들어간다고 했습니다. 하지만 기계만으로는 해결할 수 없어서 사람의 손이 꼭 필요한 분야는 남을 것입니다. 예를 들어, 헬스케어 관련 직종과 보안 전문가, 미용사, 체형 관리사, 상담 전문가, 경호원, 사회 복지사 등입니다.

				친	구	의		글					

'지구촌'을 묶는 융합을 넘어선 초융합, 그것의 중심에는 인터넷이 있고 사물인터넷이 있다. 세계는 이미 하나로 묶여 있는데 우리를 또 융합시킬 수 있다니, 그것도 사물들과 연결 짓고 소통을 한다니, 이게 가능하기는 한 것일까? 나를 비롯한 청소년들에게 사물인터넷이란 아직은 생소한 개념이다. 책이라는 사물이 우리에게 "대세는 사물인터넷이고 웨어러블 디바이스야! 우린 생각보다 많은 장점을 가지고 있어!" 라고 말한다면 어떤 느낌이 들까? 이 책을 읽으면서 그런 세상이 아주 가까이 다가왔음을, 또 내가 어른이 되었을 때 사물인터넷 세상에서 살아갈 것임을 실감할 수 있었다.

실제로 사물인터넷은 4차 산업 혁명을 구체화시켜줄 핵심 기술 중 하나로 주목받고 있으며 미국 등의 나라에서는 실생활에 많이 도입되고 있는 중이다. 사물인터넷은 편리한 점이 꽤 많기도 하다. 사물인터넷의 도입으로 인해 많은 변화가 따르고 인간이 당연히 해야 할 일들이 기계에 의해 행해지는 시기가 올 것이다. 기존의 직업이 사라지고 새로운 직업이 생겨날 것이고, 기업의 구조도 변화할 것이다.

그러나 사물인터넷이 발달한다고 해서 인간이 설 자리가 줄어드는 것은 아니다. 새로운 발명이 아닌 발견에 발견을 더함으로써 우리는 많은 발전을 이룰 수 있다. 사물인터넷으로 인한 발전을 마냥 부정적으로 바라보는 것이 아니다. 하지만 우리가 사물인터넷과 함께 공존하면서 좋은 쪽으로의 발전을 이어나가려면 사물인터넷이 무엇인지, 어떠한 장점을 가지고 있는지 잘 알아야 한다. 이 책을 읽어보면 간략하게 알 수 있을 것이다.

우리는 이제까지 인간에게만 "인간적이다"라는 말을 써왔다. 하지만 사물인터넷 시대가 되면 인간처럼 사고하는 사물들에도 인간적이라는 말을 쓸 수도 있을 것이다. 어쩌면 어떤 것이 진짜 인간적인 것인지 고민하는 시대가 될 수도 있겠다. 그렇다고 해도 모든 기술을 만들고 결정하는 그 창조의 바탕에는 인간이 있을 것이다. 혁신의 과정에서 인간의 창작은 고유한 영역이기를 바란다. 새로운 '존재'의 등장으로 인해 인간이라는 존재의 가치를 잊지 않았으면 좋겠다.

_김예진(덕원여자고등학교 1학년)

과학,
사회를 만나다

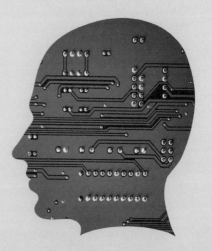

"민주주의 없는 과학 기술 시대야말로

　수많은 문명의 예언자들이 경고했던

　디스토피아가 아닐까요?"

『세 바퀴로 가는 과학 자전거』

강양구 지음, 뿌리와이파리

과학이 우리 사회와 동떨어져서 발전할 수는 없으며 서로 영향을 주고받는 것이라는 사실을 보여준다. 과학 만능주의에 대한 경계, 민주주의 없는 과학 기술 시대에 대한 우려를 쉽고 친숙한 예를 통해 써내려간 책.

세상에서 가장 무서운 전염병

전 세계에서 가장 무서운 전염병은 무엇일까요? 메르스? 신종
플루? 조류독감? 아니면 에볼라일까요? 바로 말라리아입니다. 매
년 2억 5,000만 명의 환자가 발생하고 100만 명 이상이 사망한다
고 합니다. 세계보건기구who도 말라리아를 가장 중요한 전염병으
로 정하고 있습니다. 2015년 우리나라 말라리아 환자는 699명으로
2014년에 비해 61명이 늘었다고 합니다. 흔히 열대 지방 전염병으
로 알려진 말라리아 환자가 우리나라에서 계속 늘고 있는 것입니
다. 말라리아를 일으키는 모기의 서식지가 점점 넓어지고 있는 데
다 우리나라가 아열대 기후로 바뀌고 있기 때문이지요.

한때 전 세계 말라리아 환자가 5만 명 정도로 줄어든 적이 있었
습니다. 1961년이었습니다. 바로 DDT라는 살충제 때문입니다. DDT
는 1939년 스위스의 파울 뮐러Paul H. Müller라는 화학자가 이 화합물
의 강력한 살충 효과를 발견했지요. 파울 뮐러는 DDT로 해충으
로 인한 식량 문제를 해결할 수 있다고 주장했고, 1948년에는 노
벨 생리의학상을 받았습니다. DDT는 2차 세계대전 후 열대 지방
의 말라리아를 박멸하는 보건용으로 사용되어, 1953년부터 대대
적으로 살포됐지요. 그 결과 7,500만 명이었던 말라리아 환자가 대
폭 줄어들었습니다. 하지만 살충제의 효과는 얼마 가지 못했습니
다. 1965년 다시 10만 명으로 늘었고, 1970년대 후반에는 5,000만

명까지 늘어났습니다. 모기에게 내성이 생겼기 때문입니다. 이제 사람들은 살충제가 말라리아를 없앨 수 없다는 것을 알게 되었고, 사람과 생태계에도 치명적인 해를 끼친다는 것을 알게 되었습니다. DDT는 현재 사용이 금지된 살충제입니다.

그렇다면 말라리아를 이길 수 있는 최상의 방법은 무엇일까요? 모기를 죽이는 것은 근본적인 해결책이 아닙니다. 모기를 피하는 것뿐입니다. 가장 좋은 방책은 바로 모기장입니다. 수천 년 전부터 우리 인류는 모기장을 사용해왔다고 합니다. 가장 위험한 전염병에 걸리지 않는 비법이 고대인들이 사용했던 모기장이라니, 어이없다고 여길지 모르지만 그것이 사실입니다. 우리는 흔히 최신의 기술로 만들어진 제품이 가장 편리하고 가장 좋을 거라고 생각하지만 반드시 그렇지는 않습니다. 화학 제품인 살충제보다 모기장이 생태계를 살리고 전염병을 막는 최첨단 제품일 수 있는 것입니다.

과학의 발전은 누구를 위한 것일까?

『세 바퀴로 가는 과학 자전거』를 쓴 강양구 기자는 인터넷 신문 과학 기자 출신으로 여러 편의 과학과 환경 관련 저서를 펴내고 청소년들을 위한 강연도 활발하게 하고 있습니다. 말라리아를 퇴치

©Julien Harneis

르완다 주민들에게 모기장 사용법을 설명하고 있는 모습.

하는 가장 좋은 도구가 모기장이라는 말은 저자의 강연에서 직접 들은 이야기입니다. 저자는 대학에서 생물학을 전공했는데, 어느 날 이런 고민에 빠졌다고 합니다. "왜 소리의 속도로 나는 비행기는 있는데 겨울마다 가난한 노인이 추위에 얼어 죽는 걸까? 값싼 난방 시스템을 제공하는 데 대단한 기술이 필요한 것도 아닌데 왜 우리는 그것을 못 하는가? 정교한 로봇을 만들 수 있는 기술을 가지고 있는데도 정작 장애인들은 쉽게 이동할 수 있는 보조 기구를 공급받지 못하는 걸까? 왜 위험한 원자력 에너지 대신 태양 에너지를 이용하려는 움직임은 없지?"

이런 고민들을 해결하기 위해 공부하면서 저자는 많은 사실을 알게 되었습니다. GMO(유전자 변형 생물)를 개발하는 학자들은 GMO가 기아를 해결할 수 있다고 주장하지만 그건 사실이 아닙니다. 이미 세계에서 생산되는 식량은 전 세계 인구가 먹기에 부족하지 않습니다. 그런데도 수많은 사람들이 굶주리는 이유는 무엇일까요? 바로 식량의 분배가 제대로 이루어지지 않기 때문이지요. 단적으로 세계에서 가장 풍요로운 나라, 미국에서도 인구의 15퍼센트가 굶주림에 시달리고 있습니다.

2004년 말 남아시아에서 일어난 지진 해일은 14만 명의 목숨을 앗아갔습니다. 그런데 태평양에서는 지진 해일 경보 시스템이 이미 40년 전부터 가동되고 있었습니다. 이런 기술 덕분에 미국 하와이에서는 지진 해일을 미리 감지할 수 있었지요. 지진 해일로 피해

2004년 지진 해일로 피해를 입은 인도네시아 수마트라 섬. 마을 전체가 쑥대밭이 되었다.

를 입은 나라에 하루 전에라도 경보가 전달되었다면 아까운 목숨들이 살 수 있었을 것입니다. 하지만 가난한 나라들은 정보를 전달하는 시스템을 갖추지 못한 까닭에 제때 연락을 받지 못했습니다. 부자 나라였다면 달랐을 것입니다.

이런 사건들을 접하면서 저자는 과학 기술이 '할 수 있는 것'과 '하는 것' 사이에 큰 간극이 있다는 것을 깨닫습니다. 더구나 오늘날 과학 기술은 인권, 평화, 환경을 '살리는 일'보다 차별, 전쟁, 파괴와 같이 세상을 '죽이는' 데 악용되는 경향마저 보이고 있다고 저자는 생각합니다. 그래서 과학과 사회, 기술이 제 역할을 다하고 과학이 널리 세상을 이롭게 하는 방법을 알려주고 싶어서 이 책을 썼다고 밝히고 있습니다.

루카스 항공 노동자의 위대한 실험

이 책에는 과학 기술이 어떤 가치를 담아야 하는지 보여주는 사례가 있습니다. 영국의 루카스 항공이 1970년대에 보여준 실험입니다. 루카스 항공은 이미 1960년대 말에 소리의 속도로 나는 콩코드 비행기의 엔진을 개발한 회사로, 전투기 엔진을 전문적으로 만들던 곳이었습니다. 1969년 이 회사의 노동자 6만 명은 경영 합리화를 이유로 해고될 위기에 처합니다. 이런 상황에서 루카스 항공 노동자들은 좌절하지 않고, 스스로 전투기 엔진이 아닌 '사회적으로 유용한' 다른 것을 만들어볼 계획을 세웁니다.

그들은 우선 자신들의 능력, 사용 가능한 장비 등을 자세히 적은 180여 통의 편지를 대학, 연구소, 노동조합, 사회단체 등에 보냅니다. "사회 전체적으로 이익이 되는 상품 중에 우리의 능력과 장비를 통해 제작할 수 있는 것은 무엇입니까?"라고 적힌 편지였습니다. 곧바로 답변이 쇄도했습니다. 노동자들은 이 답변을 토대로 온갖 상품을 만들어냅니다. 저렴한 의료 기구, 태양열을 모으는 장비, 연료가 적게 드는 엔진, 노동자가 조종하는 로봇 등 다양한 제품들이 쏟아져 나왔지요.

하지만 루카스 항공 노동자들의 실험은 결국 실패로 끝났습니다. 마거릿 대처 수상이 이끄는 보수당 정권이 들어서면서 더 이상 버틸 수 없게 된 것입니다. 신자유주의•를 표방한 보수당은 루카스 항공 노동자들의 실험을 반기지 않았습니다. 이들이 만든 상품을 시장에 내놓지 못하게 방해하는 경영진 측의 훼방도 있었고요. 비록 그들의 꿈이 꺾이긴 했지만 과학 기술이 어떤 가치를 실현해야 하는지를 보여준 실험이었습니다.

• 국가나 정부 차원의 인위적인 개입으로부터 시장을 자유화해야 한다는 경제 이론으로, 영국의 마거릿 대처 수상과 미국의 로널드 레이건 대통령이 이 정책을 적극 펼치면서 전 세계로 확산되었다.

저자는 이 책의 뒷부분에서 황우석 박사의 사기 행각을 폭로하게 된 배경에 대해서도 알려줍니다. 2005년 12월 5일 저자는 기자 생활을 더 이상 할 수 없을지도 모르는 상황에 처해 있었습니다. 황우석 박사 사건˙을 취재하는 과정에서 소속 신문사에 광고를 주는 일부 기업들이 소비자의 항의를 이유로 더 이상 광고를 주지 않겠다고 했기 때문입니다.

잠을 이루지 못하고 맞은 새벽에 저자는 10여 통의 전자우편을 받았습니다. 바로 황우석 박사가 2004년 《사이언스》지에 발표한 논문에 첨부된 줄기세포의 사진이 조작된 것이라는 내용이었습니다. 나중에 알았지만 이 내용을 인터넷 게시판에 최초로 알린 사람은 감자 농사를 짓는 농민이었습니다. 그는 과학자로 살다가 은퇴한 후 농사를 짓고 있었지요. 그 뒤 지방의 한 대학에서 생물학을 공부하던 또 다른 사람이 논문의 사진뿐 아니라 줄기세포의 진위를 판가름하는 결정적 증거인 DNA 지문 분석 결과도 조작되었을 가능성을 제기했다고 합니다. 저자가 신문에 기사를 실은 후 《뉴욕 타임스》 등에서도 관심을 갖게 되었고, 결국 황우석 박사의 논문 조작이 전 세계인의 관심을 끌게 되었던 것입니다.

˙ 황우석 박사는 2004년 세계 최초로 인간 배아 줄기세포를 만드는 데 성공했다는 논문을 유명 학술지인 《사이언스》지에 올림으로써 세계적인 명성을 얻었다. 그러나 2005년 이 논문이 조작되었음이 밝혀졌다.

저자는 과학 기술자가 권력과 자본의 압력에 맞서 공동체의 이익을 위해 싸우는 것도 중요하지만 황우석 박사 사건이 밝혀지기까지 수많은 사람들의 참여와 노력이 있었던 것처럼 시민들이 과학과 기술, 사회의 유기적 관계에 관심을 갖고 행동해야만 세상을 바꿀 수 있다고 힘주어 말합니다. 이를 위해 먼저 신문과 사회 과학 책을 읽으면서 세상이 돌아가는 것에 관심을 갖고, 더 나아가 고민을 나누고 문제를 함께 해결할 공동체를 찾아 행동하라고 조언합니다.

1. 최근 도시에 사는 사람들도 옥상이나 빈터에 텃밭을 가꾸는 사람들이 많아졌습니다. 마트에서도 유기농 식품은 인기가 높습니다. 농약과 화학 비료 사용에 대한 불신이 커지면서 친환경 유기농 식품을 찾는 사람이 많지만, 여전히 많은 농가는 농약과 화학 비료를 포기하지 않고 있지요. 농약과 화학 비료 사용이 건강에 좋지 않고 생태계에도 안 좋다는 것을 알면서도 왜 포기하지 못할까요? 농약과 화학 비료를 쓰지 않고 친환경 유기농으로 바꿀 수 있는 방법은 없을까요?

·····>

도움말) 이미 상당수의 농가는 기계화되고 대량화된 구조 속에서 관행적으로 농사를 짓습니다. 농약과 화학 비료를 사용하는 농부는 유기농법으로 농사를 지으려면 많은 노동력이 필요하고 대량 재배가 어려워 식량 보급에 차질을 줄 수 있다고 주장합니다. 또 유기농법으로 재배한 식품은 비싸서 서민들이 먹기에 힘들고, 유기농이 상업화되면서 유기농도 석유 같은 화석 연료를 사용하고 있다고 지적합니다. 하지만 이미 알려졌듯이 세계의 절반이 굶주리는 이유는 식량 부족 때문이 아니라 분배 때문입니다. 또한 석유와 농약, 화학 비료 가격이 상승하고, 농약과 화학 비료 사용의 폐해가 부메랑처럼 다시 농부에게 돌아온다는 점에서 언제까지 지금의 농사법이 지속될 수 있을지 의문입니다. 결국 돈보다는 건강과 생명의 가치를 중요시 여기는 기업가, 과학 기술자와 생산자가 많아져야 하고, 소비자들의 인식 변화가 뒤따라야 할 것입니다.

2. 이 책에는 1920년대에 가스냉장고와 전기냉장고가 경쟁했는데, 왜 오늘날 전기냉장고만 시장에서 살아남았는지를 자세히 알려줍니다. 전기냉장고보다 조용하고 유지비도 덜 들던 가스냉장고 대신 비싼 전기료를 내면서까지 전기냉장고를 사게 된 까닭은 엄청난 자본을 가진 대기업 전자제품 회사들이 중소기업이었던 가스냉장고 회사들을 상대로 공세를 펼쳤기 때문입니다. 이렇게 자본을 가진 대기업과 권력의 힘에 의해 사라져버린 기술들에는 무엇이 있을까요? 소비자들에게 편리하고 값싼 기술이 인정을 받고 살아남도록 하려면 어떻게 해야 할까요?

····>

도움말) 오늘날에도 편리하고 환경에도 좋은 기술을 갖고도 거대한 자본의 힘에 밀려 빛을 발하지 못하는 것들이 적지 않습니다. 책에 소개된 '물을 사용하지 않는 위생 화장실'도 그렇습니다. 사막과 같은 건조 지역에서 쓰면 좋겠지만 실제로 쓰이지 않고 있습니다. 그런가 하면 집 안에 물길을 터 먼지가 쌓이는 것을 최소화한 집이 설계된 적도 있다고 합니다. 청소를 하지 않아도 되는 집이라고 할 수 있습니다. 그런데도 이 집 역시 주목받지 못했습니다. 이런 것들이 유지되고 상용화되게 하려면 대기업이 중소기업이나 개인의 권리를 침해하지 않도록 보호해주는 법이 제대로 실행되어야겠지요. 여기에 소비자들도 기술이 자본과 권력의 힘에 지배당하지 않도록 감시하고 견제하는 목소리를 내야 할 것입니다.

| | | | | 친 | 구 | 의 | | 글 | | | | |

최근 고리 원전에 대해 가동하느냐, 마느냐, 안전한가, 아니한가에 대해 찬반 진영이 치열하게 대립했다. 그리고 그 이야기가 나올 때마다 나오는 것이 원자력 안전성 문제다. 찬반 양측의 주장에서 보여주듯이 과학에는 양면성이 존재하는 게 사실이다. 과학은 양날의 검이다. 원자력은 우리에게 과학의 발전이나, 석유 고갈에 대비할 수 있는 에너지 역할, 또 경제적 이득을 주었을지 모른다.

그러나 반대 측에서는 원전이 결코 안전하지 않다고 주장한다. 그동안 체르노빌 원전 사고, 동일본 대지진 때 후쿠시마 원전 가동기 폭발 사고에서 보여주었듯이 충분히 위험하다는 것이다. 원전 사고가 나면 방사능이 바람을 타고 혹은 물을 타고 이동하면서 상상을 초월하는 재해를 일으킨다. 후쿠시마 원전 사고 당시에 정부에서 일본산 해산물은 물론 한국산 해산물도 먹지 못하게 권고했던 것이 바로 그런 이유다. 방사능은 사람 몸에 들어가 각종 질병과 유전자 변형을 일으켜 기형아를 낳게 할 수 있다. 그런가 하면 이런 대형 사고는 사회 체제 자체를 붕괴시킬 수도 있다. 1986년에 일어난 체르노빌 원전 사고가 소련 체제 붕괴의 원인이라고 거론되는 것만 보아도 그 충격과 파장이 얼마나 큰지를 알 수 있다.

그럼 득보다 실이 많을 텐데 왜 가동할까? 내 생각에는, 원전이 꼭 필요하다고 주장하면서 원전 건설과 운영을 국가 사업으로 밀어붙이는 일부 권력자들의 이기적 태도 때문이라고 생각한다. 여기에 경제적 이익 추구를 우선적인 가치로 믿는 금전주의 사상, 또 자신과 상관없다는 안일한 국민들의 의식이 원전을 옹호하는 정치인들의 손을 들어 주고 있다.

내 주변만 보아도 원전에 대해 제대로 알고 있는 학생이 많지 않다. 아니 사실은 관심이 없다고 보아야 할 것이다. 왜 많은 사람들이 원전 가동을 반대하는지, 원전에서 내뿜는 핵폐기물이 얼마나 무서운지, 유럽에서는 더 이상 짓지 않고 있는 원전을 우리나라는 왜 계속 짓고 있는지 알아야 한다.

이 책을 읽으며 방사능이 왜 위험한지 알게 되었고, '원전 가동은 위험하다'는 생각이 확고해졌다. 정말 전기의 생산이 국민의 안전과 목숨을 걸 만큼 중요한 것인가? 원전 건설과 가동은 진정 누구를 위한 것인가? 얼마 전 지진을 겪은 후 우리나라 원전 대부분이 활성 단층대 위에 지어졌다는 충격적인 소식을 들었다. 이런 상황에서 원전은 결코 우리랑 무관한 문제가 아니다. 지금에라도 더 이상의 원전 건설을 중단하고 안전을 위한 충분한 대책을 세워야 할 것이다.

―허주영(성남고등학교 1학년)

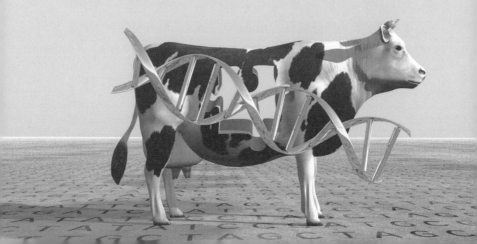

1

돌연변이의
출현

"과자 속에 들어 있는
밀, 옥수수, 콩, 감자, 튀김 기름 등은
거의 지엠오 식품인데도
우리는 모르고 있는 거지요."

『지엠오 아이』

문선이 지음, 유준재 그림, 창비

유전자 조작이 일상화되고 상업적으로 이용되는 미래 사회의 빛과 그늘을 파헤친 색다른 작품. 과학적인 사실을 꼼꼼히 조사하고 공부한 작가의 성실함에 풍부한 상상력이 더해져 과학 기술이 발달한 미래 사회가 사실적이고 흥미진진하게 그려졌다.

유전자 조작으로 태어난 아이

미래의 어느 날, 유전자 산업 회사를 운영하는 정 회장은 집 앞에서 한 아이를 만납니다. '나무'라는 이름의 이 아이는 부모에게 버려져서 오갈 데 없는 처지였습니다. 정 회장은 나무가 유전자 조작 아이라는 것을 알고 자기 집으로 데려와 함께 지냅니다. 나무처럼 부모에게 버림받은 유전자 조작 아이 문제는 이미 사회 문제가 되었습니다. 유전자 조작 아이들이 희귀병에 걸리거나 집안에 일이 생겨 생활이 힘들어지면 별다른 죄책감 없이 쉽게 아이를 버리는 일이 많아진 것입니다.

그런데 유전자 조작 아이들이 희귀병에 걸리는 이유는 유전자 조작 식품을 장기적으로 먹기 때문입니다. 이들은 면역 결핍이나 유전자 파괴, 정상 세포 자살과 같은 희귀병에 걸려 고통을 겪습니다. 유전자 조작 식품이 대량 생산되면서 대부분의 사람들은 값이 싼 유전자 조작 식품을 먹습니다. 생물의 고유 유전자 보호를 주장하는 사람들이나, 일부 부유층들만 오염 없는 생태 건물에서 살면서 유기농 식품만을 먹습니다. 유전자 조작으로 인한 문제가 점점 심각해지면서 거리에는 연일 유전자 조작을 반대하는 시위대로 넘쳐납니다.

위 내용은 『지엠오 아이』에서 그려진 미래의 이야기입니다. 2005년에 이 책이 처음 출판될 당시만 해도 아주 먼 미래의 이야기로 생각되었는데, 최근 들어 유전자 조작에 대한 사회적 관심이 매우 커졌지요. GMO가 '유전자 변형 생물'이므로, GMO 아이는 '유전자 조작에 의해 생겨난 아이'라는 뜻입니다. 책 속의 정 회장은 인간의 생명을 연장해주는 장기 공급과 자녀들의 우성 유전자를 조작해주는 회사를 운영합니다. 자녀들의 우성 유전자를 조작한다는 것은 부모의 유전자 가운데 뛰어난 유전자만을 골라 자녀에게 이식한다는 뜻입니다. 다시 말하면 달리기를 잘하는 아빠의 특정 유전자와 그림을 잘 그리는 엄마의 특정 유전자를 조합하여 수정란에 이식시킨다는 것이지요.

실제로 영국에서는 2008년 유전자 조작 맞춤형 아기의 출산을 허용해주는 법을 통과시켰습니다. 맞춤형 아기 시술은 부모의 유전자 중에 문제가 있는 부분을 잘라내고 정상적인 부분으로 바꿔치기해서 병을 예방하는 방법입니다. 희귀한 유전 질환이나 혈액 질환, 불치병 등 치료를 목적으로 한 맞춤형 아기 출산을 허용한 것이지요. 자녀들이 유전적 질환을 물려받지 않기를 바라는 부모들 입장에서는 희소식이겠지만, 문제는 다른 특징들도 유전자 조작을 통해 바꿀 수 있다는 점입니다. 원한다면 외모나 지능도 조작할 수 있지요.

그런데 이 책에 나오는 유전자 조작은 단순히 부모에게서 우성 유전자를 빼내어 자녀에게 물려주는 차원이 아니라 부모가 희망하는 다른 사람들의 우성 유전자로 맞춤 아기를 만들어서 제공하는 사업입니다. 즉, 이 사람 저 사람 많은 사람에게서 우성 유전자를 받아 아기를 생산해내는 것을 말합니다. 이렇게 해서 태어난 아기는 진짜 부모가 누군지 알 수 없겠지요. 그러다 보니 부모들이 자기 자녀라는 애착이나 책임감이 줄어들어버리는 일이 생기는 것입니다.

정 회장은 유전자 조작으로 인해 희귀병이 생겨서 고통받는 나무를 보면서 자신의 생각이 잘못되었음을 깨닫습니다. 사람들이

오래 살도록 장기를 제공하고 2세의 우성 유전자 조작을 해주는 일이 사람들을 더 행복하게 해주는 일이라고 믿었지만 그렇지 않다는 걸 말이지요. 더구나 장기는 일부 돈 많은 부자들만 제공받을 수 있었고 가난한 사람들은 아무리 아파도 장기를 제공받을 수 없어서 죽을 수밖에 없었습니다. 살길이 있는데도 돈이 없다는 이유로 눈앞에서 가족이 죽는 것을 보아야 한다면 정말 힘들겠지요.

GMO에 대한 찬반 의견들

과연 책에서 상상한 것처럼 GMO 아이가 생길 수 있을까요? 인간 유전자 지도˙가 만들어지면서 유전자 재조합과 같은 생명 공학 기술이 날로 발전하고 있습니다. GMO 아이가 단지 상상 속의 이야기가 아니라 실제로 가능할 수도 있다는 말이지요. 책에 나온 대로 유전자 조작이 일상이 되어버린다면 세상은 어떤 모습이 될까요? 어쩌면 미래에는 원형을 그대로 유지한 동식물을 볼 수 없을지도 모릅니다. 유전자 조작이 안 된 것이 천연기념물처럼 귀하게 여겨질 수 있겠지요.

˙ 인간이 가지고 있는 모든 유전자의 염기 서열을 밝혀낸 것이다. 어떤 유전자가 어떤 병에 결정적인 영향을 미치는지 알게 되었고, 원할 경우 사전에 유전자 교체도 가능하다.

유전자 조작 기술에 대해 낙관적인 사람들은 생물의 진화 과정에서 새로운 종의 출현은 늘 있어왔고 그들은 새로운 환경과 조율해왔다고 말합니다. 환경에 맞게 스스로 돌연변이도 일으키고 진화도 한다는 것이지요. 따라서 유전자 조작 생물들도 환경에 맞춰 적응하면서 살아갈 것이므로 걱정할 필요가 없다는 논리입니다. 유전자 조작 농산물에 대해서도 오히려 품종 개발에 걸리는 시간을 단축시켜서 농산물의 생산력을 높이고, 맛과 영양을 향상시킬 수 있다고 말합니다. 예를 들어, 비타민이나 철분 함량을 증가시키기 위해 쌀에 강낭콩의 페리틴 유전자를 주입하는 것입니다. 또 저항성 작물을 개발함으로써 농약이나 제초제 사용도 줄일 수 있다고 주장하지요.

하지만 많은 환경 단체들은 유전자 조작 기술이 지구 생태계를 심각하게 교란시키고 있음을 지적하면서 지금이라도 멈추어야 한다고 주장합니다. 오랫동안 지구의 생물들은 자연의 섭리에 따라 스스로 저항력을 키우며 살아왔는데 유전자 조작 기술이 이를 깨버리고 수많은 변형체를 만들어내고 있다는 것이지요. 특히 유전자 결합으로 인한 유전자 오염이 심각해질 수 있음을 경고합니다. 예를 들어, 제초제에 강한 저항력을 가진 유전자 변형 콩이나 옥수수가 다른 풀과 교배한다면 슈퍼 잡초가 나올 수 있고, 슈퍼 해충이나 슈퍼 바이러스를 만들어낼 수 있습니다.

이들은 또 GMO로 인해 다양한 생물의 종이 사라지고 있음을

다국적 생화학 제조업체 몬산토 사는 자사의 제초제 라운드업에 내성을 가진 유전자 변형 작물을 개발, 판매하고 있다.

우려합니다. 몬산토 사와 같은 다국적 생명 공학 기업들이 GMO 를 판매하면서 특허권을 이용하여 씨앗에서부터 제초제와 농약까지 독점하고, 이윤을 남기는 품종만을 대량 재배하도록 하고 있기 때문이지요. 몬산토는 자기 회사의 화학 제품에만 내성을 가진 유전자 조작 종자를 개발해 값비싼 종자와 자기 회사의 화학 제품을 동시에 판매하는 경영 방식을 취하고 있습니다. 이렇게 되면 생물의 고유 품종이 오염되어 사라지고 생물의 종이 획일화될 수 있습니다.

아직 안전하다고 말하기엔 이르다

그렇다면 GMO는 건강에 영향을 미치지 않을까요? 몬산토는 우리나라에도 지엠콩과 지엠옥수수, 지엠카놀라 등을 식품용, 사료용으로 팔고 있지요. 우리나라 수입 곡물 중 GMO가 차지하는 비율은 2010년 56퍼센트에서 2014년 58.8퍼센트로 계속 증가하는 추세입니다. GMO 수입 물량 중 77퍼센트는 사료용이고, 나머지 23퍼센트는 다양한 가공을 거쳐 우리 식탁에 오릅니다. 유럽연합이 1997년부터 GMO 표시 제도를 처음 도입한 이후 전 세계 40여개 나라가 실시하고 있습니다. 우리나라도 2001년 GMO 표시 제도를 시작했지만 미흡하다는 지적을 받고 있습니다. 식품에 포함된 GMO 함량이 전체 원료의 3퍼센트 이하이면 표시 여부를 따지지 않기 때문이지요. 유럽연합은 표시 기준이 0.9퍼센트이고 오스트레일리아와 뉴질랜드도 1퍼센트입니다. 최근에 우리나라도 GMO 완전 표시제가 국회에서 발의되었습니다.

GMO가 시장에 등장한 지 20년이 되었지만 건강에 미치는 부작용 여부에 대해서는 아직 논란이 진행 중입니다. GMO가 암이나 알레르기 등을 일으킨다고 주장하는 과학자도 있고 안전하다고 주장하는 과학자도 있습니다. 그런데도 각국이 GMO 표시제를 도입한 것은 아직 확실하게 안전성이 증명되지 않았다는 점, 앞으로 몇 세대가 지나는 동안 어떤 문제점이 발생할지 모른다는 점 때

문입니다. 또 유해성 여부와 상관없이 소비자의 알 권리, 선택의 권리를 존중하기 때문입니다. 미국 식품의약국FDA이 GMO 함유 식품이 인체에 무해하다고 밝히면서도 GMO 표시제를 실시하기로 한 것도 그런 이유이지요.

　생태계를 교란시키고, 안전이 검증되지도 않았고, 생물 종의 다양성을 해칠 수 있다는 우려에도 다국적 기업들의 GMO 수출은 전 세계로 확산되고 있습니다. 소설 『지엠오 아이』가 상상한 미래가 진짜 현실이 되기 전에 GMO에 대해 더 알아보고, 그것이 가져올 수도 있는 여러 문제들을 진지하게 논의해보아야 할 것입니다.

1. 영국이 2008년 맞춤형 아기 출산을 허용하는 법을 통과시켰고 2016년 미국에서는 생물학적으로 어머니가 둘이고 아버지가 한 명인 '세 부모 아기'가 태어났어요. 유전 질환이 발생하는 것을 예방하기 위한 방법으로 허용된 것이지만 이 법에 대해 우려하는 사람들도 많습니다. 맞춤형 아기를 허용할 경우 사회적으로 어떤 문제점이 발생할지 생각해보세요.

·····>

도움말) 지난 2003년 4월, 총 30억 쌍의 염기 서열을 결정한 인간 유전자 지도가 완성된 후 유전자 지도는 우리에게 유전자의 결함으로 인한 질병들을 진단하는 정보를 제공해주고 유전자 조작을 통해 많은 질병을 치료할 수 있는 가능성을 열어주었습니다. 그런 면에서 맞춤형 아기 허용은 자녀에게 유전 질환을 물려주고 싶지 않은 부모들에게는 희소식일 것입니다. 그러나 한편으로는 부모들의 걱정을 이용한 과다한 시술로 이어질 수도 있습니다. "당신의 자녀가 암에 걸릴 확률이 5퍼센트입니다"라고 들었을 때 어떤 부모들은 유전자 조작 또는 유전자 편집을 통해 해당 유전자를 제거하고 싶을지도 모릅니다. 또 인간 배아의 유전자를 조작하여 지능, 체격, 용모 등을 부모의 선호도에 따라 만들어낼 경우 일부 돈 있는 사람들이 대대로 후손들에게 우월한 유전자를 물려주고 가난한 사람들은 계속 열등한 인간으로 남을 수도 있습니다.

2. 2016년 6월 29일 100명이 넘는 노벨상 수상자들이 세계적 환경 단체 그린피스에 GMO 반대 운동을 멈추라고 촉구하는 성명에 동참하여 전 세계 뉴스 페이지를 장식했습니다. 과학자들은 생명 공학으로 개선한 작물과 식량이 안전하며, 오히려 GMO로 만든 쌀은 비타민A 생성 물질인 베타카로틴이 많이 들어 있어서 가난한 나라의 아이들에게 큰 도움이 될 수 있다고 주장합니다. 이에 대해 지금까지 알게 된 GMO에 대한 여러 지식들을 통합하여 GMO를 반대하는 입장에서 성명서를 작성해보세요.

·····>

도움말) GMO가 가난한 나라 어린이들의 영양 개선에 도움을 줄 수 있다는 노벨상 수상자들의 주장에 대해 그린피스는 그렇지 않다고 말합니다. 지난 20년 동안 연구를 계속한 GMO 쌀이 아직 판매되지 않은 것만 보아도 GMO 쌀이 영양 개선에 도움이 안 된다는 것을 뒷받침하고 있다는 것입니다. 그린피스는 오히려 GMO 기업들이 빈곤 문제를 앞세워 GMO를 확산하고 있다고 주장합니다. 또 GMO 반대론자들은 이번 노벨상 성명을 주도한 학자 중에는 GMO 기업과 관련된 사람이 있다고 말하기도 합니다. GMO가 생산된 지 20년이 지난 지금 인체와 생태계에 해를 끼친다는 뚜렷한 근거는 없지만, 세계 여러 나라는 GMO 표시제를 실시하고 있습니다. 그 이유를 생각하며 사람들에게 하고 싶은 말을 몇 가지로 정리해보세요.

					친	구	의		글					

『지엠오 아이』에 나오는 남자아이 나무는 유전자 조작으로 태어난 아이입니다. 그런데 나무는 유전자 변형 식품을 먹으면서 왼쪽 뇌가 마비되고 혈관도 가늘어지는 등 점점 건강 상태가 나빠집니다. 유전자 조작 아이가 유전자 조작 식품을 먹을 때 나타나는 희귀병에 걸린 것입니다. 더구나 나무는 입양되었는데 양부모에게 버림을 받습니다. 유전자 조작 아이는 여러 유전자에서 우성 유전자를 가져와 조합하였기 때문에 누가 진짜 부모인지 알 수 없습니다. 그러다 보니 언제든지 원하는 대로 유전자를 조작하여 아이를 만들 수 있다고 여겨서 생명이 가볍게 취급당하는 시대가 되었습니다.

　물론 이 이야기는 모두 미래의 모습을 상상한 것들이고 아직은 그런 세상이 오지 않아서 다행입니다. 하지만 혹시 이것이 GMO 식품을 먹은 우리의 미래 모습일 수도 있다는 생각이 들자 갑자기 무서워집니다. 유전자 조작 기술이 계속 발전하고 있고 어디서나 GMO 식품을 만날 수 있기 때문입니다. 이 책을 읽은 후 인터넷을 검색해보니 이미 우리 식탁에는 GMO 식품이 많이 올라와 있었습니다. 인터넷에는 GMO에 대해 지나친 걱정을 할 필요가 없다는 전문가들도 있고, 안전성이 보장되지 않았으므로 먹지 말아야 한다고 주장하는 전문가들도 있어서 약간 혼란스러움을 느꼈습니다.

저는 전문적인 지식이 부족하여 정확히는 모르겠지만, 분명하게 알게 된 사실은 세계 여러 나라들이 GMO 제품에 대해 반드시 표시를 하도록 하고 있다는 것입니다. 그런데 저는 이제까지 식품을 고를 때 GMO 표시가 되어 있는지를 살펴보지 않았습니다. 제 주변의 사람들도 식품을 고를 때 그것이 GMO 제품인지 모르고 구입하는 것 같습니다. 우리나라에서 수입하는 콩, 옥수수의 약 90퍼센트는 이미 GMO라고 발표되었고 식용유의 대다수도 GMO 식품입니다. GMO를 먹는 문제는 우리의 생명과 관계가 있는 일이고 미래에 벌어질 수 있는 일인데 그동안 너무 무관심했다는 생각이 듭니다. 앞으로 관심을 갖고 GMO에 대해 더 자세히 알아보고 싶어졌습니다.

_김정아 (서초중학교 2학년)

1
2

따뜻한
기술

"특별히 공학자들은 '안 하던 질문'을 던져야 합니다.
'내가 이걸 만들면 이 사람의 삶이 어떻게 바뀌지?'"

『소녀, 적정기술을 탐하다』

조승연 지음, 뜨인돌

고등학교 1학년 저자가 초보자의 입장에서 보고, 듣고, 경험한 것을 풀어낸 책. 중학교 때 세계의 90퍼센트가 기술에서 소외된 삶을 살고 있다는 사실에 충격을 받은 저자가 그 대안이 될 수 있는 따뜻한 기술, 적정기술을 탐구한 내용을 담고 있다.

기술이 절실히 필요한 사람들

지세이버G-Savor, 슈퍼 머니메이커 펌프Super Moneymaker Pump, 큐드럼 Q Drum. 모두 제품 이름인데 일반 사람들에게는 낯선 이름들이지요. 이 가운데 지세이버는 일종의 난방 기구로 몽골의 천막 주택인 게르에서 요긴하게 쓰이고 있습니다.

몽골은 1년 중 8개월이 영하 20~40도인 매우 추운 나라입니다. 최근 사막화와 물 부족 심화로 인해 사람들이 일자리를 찾아 수도 울란바토르로 몰려들면서 도시 인구가 4년 사이에 50만 명으로 늘었습니다. 이들은 대부분 집을 마련하지 못해 도시 외곽의 빈민촌에서 물과 전기가 부족한 상태로 살아갑니다. 이른바 환경 난민이지요.

게르에 살고 있는 사람들에게 가장 큰 걱정은 추운 겨울을 나는 일입니다. 주로 석탄 난로에 의지해 겨울을 버티는데, 가난한 사람들은 소득의 70퍼센트를 난방비로 사용합니다. 그러니 먹고 사는 일보다 겨울을 무사히 보내는 게 우선입니다. 기존의 난로는 열이 오래 지속되지 않고 한밤중에도 꺼지는 불편함이 있었어요. 게다가 석탄 난로에서 나오는 매연이 대기를 심각하게 오염시켰습니다. 몽골 정부 통계에 따르면, 몽골인의 사망 원인 중에 호흡기 질환이 5위에 해당할 정도로 대기 오염이 심각했습니다.

게르 내부 공기도 매우 탁합니다. 열 손실을 막으려고 환기를 잘 안 하는 데다 석탄 난로에서 나오는 가스가 게르 안의 공기를 오염시키기 때문입니다. 이로 인해 어린이들이 호흡기 질환으로 목숨을 잃는 사례가 많다고 합니다. 지세이버는 바로 이런 고민을 해결하기 위해 고안된 것으로, 온돌의 원리를 이용해 난로의 열 효율을 높인 제품입니다. 기존의 난로에 부착하여 사용하며 오랫동안 열을 낼 수 있기 때문에 연료비를 45퍼센트 가까이 절감할 수 있습니다. 또 다른 장점은 공기 중에 배출되는 오염 물질이 현저히 적어서 호흡기 질환을 걱정하지 않아도 된다는 점입니다.

이렇듯 연료비를 절약해 가계 부담을 줄여주고 대기 오염도 줄인 지세이버 제품은 우리나라 NGO 단체인 굿네이버스가 전문가들의 도움을 받아 제작한 것입니다. 굿네이버스는 2011년 몽골 현지에 사회적 기업인 '굿셰어링Good Sharing'도 설립했습니다. 생산, 유통, 판매를 맡은 직원 56명은 모두 현지 직원들입니다. 새로운 일자리까지 제공한 것이지요.

손잡아주는 착한 기술

『소녀, 적정기술을 탐하다』의 저자는 놀랍게도 고등학교 1학년 여학생입니다. 중학교 1학년 때 우연히 학교에 강의하러 온 교수님의 강의를 듣고 적정기술에 반해버렸다고 합니다. 그날 저자가 처음으로 본 적정기술 제품은 '큐드럼'이었습니다. 영어 알파벳 Q자 모양으로 생겼다고 해서 큐드럼인데, 용도는 물통입니다. 아프리카 같이 물이 귀한 지역의 아이들은 집에서 멀리 떨어진 곳까지 걸어가서 물을 길어 와야 합니다. 물통을 머리에 이거나 손으로 들어서 운반하는데, 너무 힘들고 불편할 뿐만 아니라 바닥에 돌이 많이 깔려 있어서 위험하지요. 그래서 무거운 물통을 편하게 운반할 수 있는 방법을 고안한 것입니다. 물통 가운데 난 구멍에 줄을 넣고 그 줄을 잡아끌면 물통이 굴러오는 방식이므로 훨씬 덜 힘듭니다. 튼튼하게 만들었기 때문에 울퉁불퉁한 바닥에도 끄떡없습니다.

슈퍼 머니메이커 펌프도 적정기술 제품입니다. 아프리카와 필리핀 등 채소 재배 농장에서 사용하는 것으로, 지하수를 퍼 올려 농업 용수로 사용할 수 있게 한 물 공급 장치입니다. 그런데 머니메이커라고 불리는 이유는 뭘까요? 원래 지하수를 퍼 올리려면 전기 펌프가 필요합니다. 그런데 세계에는 전기가 공급되지 않는 지역이 더 많지요. 슈퍼 머니메이커 펌프는 바로 그런 지역에 사는 사람들을 위한 제품입니다. 이 펌프의 유일한 동력원은 발이랍니다. 자전거를 타듯 페달을 밟아 펌프를 작동시키는 것입니다. 이 펌프 하나가 사용자들에게 미친 영향은 대단했습니다. 펌프가 없을 때보다 더 빨리, 더 넓은 지역에, 더 적은 돈을 들여 물을 뿌릴 수 있게 된 것입니다. 이 기계를 고안해낸 킥스타트의 조사에 따르면, 지금까지 약 3,500세대가 이 펌프를 사용했고 농장 수익도 약 10배나 증가했습니다.

이러한 적정기술을 저자는 "손잡아주는 기술"이라고 말합니다. 따뜻한 마음을 가진 사람들이 힘을 합해 이웃을 위한 멋진 제품을 만들었기 때문이지요. 위에서 소개한 지세이버나 큐드럼처럼 현지의 사정에 맞게 만들어서 쓰게 하는 것입니다. 아무리 기발한 기술이라도 현지 사정에 맞지 않거나 사용법을 잘 모르면 오히려 폐를 끼칠 수도 있습니다.

간혹 공적개발원조ODA라고 하여 경제적으로 더 발달한 국가가 상대적으로 덜 발달한 국가에 기술을 원조하는 경우가 있는데, 그

럴 때 황당한 일이 벌어지곤 합니다. 예를 들어, 캄보디아 어떤 마을에 우물을 파주고선 그냥 떠나버린 경우입니다. 심지어 우물을 어디에 파는 게 좋을지 물어보지 않고, 우물을 어떻게 사용하는지 알려주지도 않았다고 합니다. 몇 달 후 우물은 더럽혀져 있었고, 아무도 사용하지 않게 되었지요.

예전에는 국가 간의 원조를 생각하면 무조건 돈과 관련하여 생각했습니다. 도로, 항만 등 돈을 투자한 기자재를 기부하는 방식이었지요. 또 경제적으로 발전한 나라가 가난한 나라에 기술을 전수하는 것으로 여겼습니다. 그러다 보니 일부 개발도상국 사람들 중에는 적정기술을 부자 나라가 가난한 나라에 적선하는 것으로 오해하여 불쾌감을 표시하기도 합니다. 하지만 진정한 의미의 적정기술은 이웃 간에 기술을 나누는 것이라고 할 수 있습니다.

그래서 저자는 지역 문화 이해하기가 가장 중요하다고 말합니다. 그 지역의 종교, 혼인, 음식, 의복 문화를 이해할 수 있어야 진정으로 '적정'한 기술을 고안해낼 수 있다는 것이지요. 특히 현지의 기후와 날씨를 살펴서 현지에서 나오는 재료를 이용하여 제품을 만드는 게 중요합니다. 그래야 지속적으로 기술을 이용할 수 있기 때문이지요. 적정기술 제품을 만들었다 하더라도 사람들에게 사용법을 충분히 알려주는 일도 매우 중요하고, 더 나아가 지세이버처럼 제품을 현지에서 생산할 수 있도록 공장을 만들면 일자리가 생겨 경제 성장에도 도움이 됩니다.

적정기술이 가져올 삶의 변화

　기술이 돈 있는 사람들을 위해서만 존재해서는 안 된다고 생각하는 것, 기술은 제일 긴급한 곳에, 가장 힘든 곳에 제공되어야 한다는 생각이 바로 적정기술을 실천하는 사람들의 신념이고 가치관입니다. 저자에게 적정기술에 대한 호기심을 심어주었던 포항공대 장수영 교수는 적정기술인은 문제 해결사라고 말합니다. 어려움을 겪는 원인을 찾아내어 그들에게 적정한 해결책을 창조하는 일이니까요.

특히 공학을 하는 사람이라면 제품 설계만 하고 끝내는 것이 아니라 '이 기술은 어떤 의미를 지닐까?', '이것을 사용하는 사람들은 어떤 삶의 변화를 겪게 될까?', '이 물건으로 인해 사람들 사이에서 계층은 안 생길까?', '누가 누구를 통제하게 되지는 않을까?', '누구에게나 고귀한 가치인 자주권에 어떤 손상이 가는 것은 아닐까?', '사회적으로 평등, 민주화와 어떤 상관관계가 있을까?' 등의 질문을 던져야 한다고 강조합니다.

저자도 역시 강하게 외칩니다. "적정기술은 기술과 디자인의 혜택으로부터 소외되어 다양한 문제를 겪는 사람들에게 해결책이 되어주는 기술이다. 그런데 비극적이게도 세계 디자이너의 95퍼센트는 구매력 있는 상위 10퍼센트의 소비자들만을 위해 모든 디자인 활동을 한다. 이제는 그들을 잠시 두고, 소외된 90퍼센트의 사람들에게 초점을 맞추어야 할 때다."

1. 저자는 직접 적정기술 아이디어 제품을 만들기도 했습니다. 시각 장애인을 위한 스마트폰 길찾기 애플리케이션과 장애인 친구를 위한 신발 깔창이 그것입니다. 책을 읽은 후 떠오른 적정기술 제품이 있으면 소개해보세요. 또는 말라리아를 일으키는 모기를 퇴치하기 위한 가장 적정한 기술에는 무엇이 있을지 생각해보세요.

도움말) 말라리아를 이길 수 있는 최상의 방법 중에는 모기장이 있습니다. 옛날 사람들은 쑥으로 모깃불을 피워 모기를 쫓아내기도 했지요. 지세이버가 우리나라 온돌의 원리를 이용하여 만들었듯이 모기장이나 쑥을 이용한 적정기술 제품을 생각해봐도 좋을 것입니다.

2. 다음은 가난한 나라를 위해 구호 활동과 연구를 하고 있는 에르네스토 시롤리가 테드TED에서 '누군가를 돕고 싶다면 입 다물고 그냥 들어주세요'라는 주제로 강연한 내용의 일부입니다. 강연 내용을 읽고 『소녀, 적정기술을 탐하다』와 공통점을 찾아보고 가난한 나라를 도울 때 가져야 할 마음 자세와 개선할 점을 말해보세요.

저는 1971년부터 1977년까지 잠비아, 케냐, 코트디부아르, 알제리, 소말리아에서 일했습니다. 아프리카 국가들과 기술 협력 프로젝트를 수행했습니다. 우리의 첫 프로젝트는 이탈리아인이 잠비아인에게 농사를 가르치자는 것이었습니다. 그래서 우리는 잠비아 남부에 있는 주민들에게 이탈리아의 토마토와 애호박을 재배하는 법을 가르쳤어요. 물론 주민들은 전혀 관심이 없었습니다. 그래서 저희는 재배하는 법을 배우는 사람들에게 도리어 돈을 지급했습니다. 그렇게 해야 가끔 재배법을 배우는 사람들이 나타났거든요. 저희는 비옥한 땅을 지닌 그들이 농사를 짓지 않는다는 사실에 놀랐습니다. 그러나 왜 농사를 짓지 않는지 이유를 묻지도 않은 채 그냥 기도했습니다. "하느님, 감사합니다. 잠비아 사람들을 굶주림에서 해방해야 할 정확한 때에 저희를 이곳으로 보내주셔서"라고요.

물론 아프리카에서는 모든 것이 정말 잘 자랐습니다. 엄청나게 큰 토마토가 열리곤 했어요. 저희는 그래서 "농사가 이렇게 쉬워요"라고 그들에게 말하고 다녔습니다. 그런데 토마토가 완전히 익어 빨개졌을 때 강을 건너온 하마 200마리가 그 많은 토마토를 하룻밤 새에 모조리 먹어치웠습니다. "아니, 어떻게 하마가 그걸 다 먹어치울

수 있지요?" 하고 우리가 말하자, 그들은 "그래서 우리가 농사를 안
짓는 거예요"라고 대답했습니다.

·····>

도움말) 에르네스토 시롤리는 이 연설에서 여성 경제학자 담비사 모요가 쓴 『죽
은 원조』를 읽어보라고 권합니다. 서양인들이 지난 50년간 아프리카 대륙에 엄
청난 금액을 원조했는데, 순박한 아프리카 사람들에게 얼마나 엉터리 짓을 했
는지 말하고 있는 책입니다. 『작은 것이 아름답다』를 쓴 에른스트 슈마허는 "경
제 개발을 하면서 명심해야 할 것은 만약 사람들이 도움을 원하지 않을 때는 그
냥 내버려두어야 한다는 점이다"라고 말했습니다. 그는 원조의 첫 번째 원칙은
바로 '존중'이라고 말합니다.

| | | | | 친 | 구 | 의 | | 글 | | | | |

적정기술이란, 도움이 필요한 사람들에게 주는 도움의 기술이다. 더 정확히 파고들면 "기술과 디자인의 혜택으로부터 소외되어 다양한 문제를 겪는 사람들에게 해결책이 되어주는 기술"이 적정기술이다. 처음 이 책을 추천받았을 때 '엥? 적정기술? 처음 들어보는데?'라는 생각이 제일 먼저 들었고, 저자를 살펴보니 열일곱 살 언니가 쓴 책이란다. 기절초풍하는 줄 알았다.

아무래도 적정기술의 개념도 모르고 이 책을 읽기가 꺼림칙해서 '세상을 바꾸는 시간, 15분'의 동영상을 먼저 보았다. 동영상에는 저자가 여러 적정기술 봉사단에 들어가고, 몽골에 가서 지세이버의 체험장을 본 경험담을 말하고 있었다. 또 적정기술을 배우기 위해 여러 교수님들과 메일을 주고받은 이야기, 감각 장애를 가진 친구를 위해 만든 깔창 작품, 시각 장애인들을 위한 진동 케이스 작품 등을 소개하고 있었다. 나와 몇 살 차이가 나지 않는 여고생 언니가 꿈을 위해서 노력하는 모습이 정말 부럽고 본받고 싶었다.

사실 나도 내 꿈 '반려동물 복지 전문가'를 위해 열심이다. 한 달에 한 번씩 노인 복지 센터에서 봉사 활동을 하고, 동물에 관한 책도 여러 권 읽고, 반려동물 관련 영화도 여러 편 보는 등등 나름대로 노력하고 있다. 물론 저자 언니처럼 외국으로 나가거나 교수님을 만나는 노력은 아니지만 정성이 담긴 마음으로 달리고 있다.

그런데 '적정기술'에서 기술을 빼고 다른 말을 넣어도 되지 않을까? 예를 들어, 몽골의 아이들에게 신나는 음악 수업을 해주면 '적정음악' 이고, 가난한 도시의 사람들에게 천연 재료와 주변에서 쉽게 구할 수 있는 재료로 도시락을 만들어주면 그것 또한 '적정요리' 아닐까? 너도 나도 행복한 그 무엇이 바로 '적정○○'이라고 나는 믿는다. 내 생각에 적정기술은 앞으로도 더 많이 발전할 것이고, 적정기술이 발전할수록 도움이 필요한 사람들은 더욱 행복해질 것이다. 그래서 나는 적정기술 이 끝없는 행복을 만드는 기술이라고 생각한다.

_임채원(역삼중학교 1학년)

1
3

스마트폰 시대,
우리는 스마트할까?

"한때 나는 언어의 바다를 헤엄치는
스쿠버 다이버였다.
하지만 지금은 제트 스키를 탄 사내처럼
겉만 핥고 있다."

『생각하지 않는 사람들』
니콜라스 카 지음, 최지향 옮김, 청림출판

IT 전문가 니콜라스 카의 더 이상 '생각하지 않는 사람들'에 대한 진단과 통찰이 담긴
책. 디지털 기기에 종속된 이후 우리의 사고하는 방식은 어떻게 변화하고 있는지, 글을
쓰는 방식과 읽는 방식은 어떻게 변화하고 있는지 예리하게 밝혀낸다.

인터넷에 의존하는 사람들

얼마 전 초등 3학년 학생들과 "자신을 꽃으로 표현한다면?"이라는 주제로 짧은 글쓰기를 해보았습니다. 예를 들어, "나를 꽃으로 표현하면 해바라기이다. 왜냐하면 해바라기가 해를 향해 활짝 웃듯이 나는 잘 웃고 명랑하기 때문이다"와 같이 쓰는 것입니다. 그런데 몇몇 아이들이 울상을 짓더니 "꽃 이름이 생각 안 나요. 휴대폰으로 검색해보면 안 되나요?" 하였습니다. 꽃 이름을 떠올리지 못하는 아이들을 보면서 니콜라스 카Nicholas G. Carr가 쓴 『생각하지 않는 사람들』이 생각났습니다.

『생각하지 않는 사람들』은 IT 미래학자, 인터넷의 아버지, 디지털 사상가로 불리는 니콜라스 카가 2011년에 쓴 책입니다. 니콜라스 카는 2008년 「구글이 우리를 바보로 만들고 있는가」라는 글로 널리 알려지기 시작했습니다. 제목이 말해주듯이 저자는 이 책을 통해 인터넷이 우리 인간의 뇌 구조를 바꾸고 있다고 말합니다. 더 심하게 말하면, 우리 인류는 점점 생각하지 않는 뇌로 바뀌어가고 있다고 말합니다. 꽃의 이름이 떠오르지 않은 앞의 초등생처럼 사람들은 이제 낱말을 자신의 뇌에 담지 않고 휴대폰에서 꺼내 씁니다. "인터넷이 주는 달콤함에 빠진 사이 우리가 잃어버리고 있는 것은 무엇인가?" 책에서 저자가 말하고 있는 내용을 세 가지로 정리해보겠습니다.

첫째, 우리의 뇌는 망각에는 익숙해지고 기억에는 미숙해지고 있습니다. 우리는 그동안 무언가 모르는 것, 생소한 단어를 보면 잠시 멈추고 무슨 뜻일까 하고 생각을 했습니다. 머릿속에 저장해둔 배경 지식들을 끄집어내어 새로운 단어와 연결시켜 뜻을 헤아리는 것입니다. 그렇게 해도 잘 모르면, 글의 앞뒤를 다시 읽으며 추론을 해서 이해했지요. 이렇게 우리는 지속적인 '생성'과 '연결'을 통해 새로운 지식을 습득하고 처리하며 창의적인 생각을 해냅니다.

그런데 점점 사람들은 이 과정을 과감히 생략해버리고 있습니다. 모르는 말이 나오면 곧바로 인터넷 검색 창에 단어를 칩니다. 스스로 어려운 낱말의 뜻을 이해하려고 머리를 쓰지 않지요. 이는

인터넷에 정보 처리 과정을 기꺼이 양보하고 있는 셈입니다. 인터넷을 많이 쓸수록 우리의 사고 속에서 일어나는 풍부한 연관 짓기를 스스로 포기하고 있는 것입니다. 결국 인터넷은 점점 더 똑똑해지고 인간은 바보가 되어갈 수 있습니다.

인터넷 사용이 고등 사고 능력을 떨어뜨린다는 저자의 주장에 대해 이의를 제기하는 사람들도 있습니다. 인터넷을 검색하면서 수많은 정보들을 만나 취사선택하는 과정도 읽는 것이 아니냐고 말이지요. 정보를 찾고 해석하는 것도 머리를 쓰는 것이므로 사고 작용이라는 것입니다. 물론 인터넷도 일종의 책입니다. 책을 대충 읽어서는 내용을 잘 모르듯이 인터넷 역시 제대로 읽는 법을 모르면 시간 때우기용이 될 수 있겠지요.

웹 페이지를 읽을 때 사람들의 뇌를 연구한 결과, 정보를 빨리 선택하고 구별하는 쪽 뇌 활동이 활성화되었습니다. 즉, 인터넷 사용의 장점은, 수많은 데이터에서 업무와 관련된 흐름을 찾거나 정보 신호를 재빨리 구분해낼 줄 아는 능력입니다. 인터넷 검색과 읽기를 통해 눈에 띄는 특징을 분석하여 실용적인 이득의 유무를 빨리 판단하는 기능이 발달한 것입니다. 업무 처리 능력은 향상되겠지요.

짧고 달콤한 것

저자가 걱정하는 두 번째는, 급증하는 인터넷 사용으로 사람들이 점점 긴 글을 못 읽어낸다는 것입니다. 그 이유는 무엇일까요? 인터넷으로 제공되는 많은 정보들을 기억하려고 뇌가 너무 과도한 작업을 한 나머지 지쳤기 때문입니다. 이것을 인지 과부하에 걸렸다고 말합니다. 인터넷에 나온 정보들은 독자가 스스로 선택한 것들이 아니라 무작위로 주어진 것들이고, 그 정보들은 검증되지 않은 것, 가볍고 흥미 위주의 정보들이 대부분입니다. 사람들은 인터넷에서 꼭 필요한 정보만을 찾는 게 아니라 쓸데없는 것들도 접하게 됩니다. 자기도 모르게 뇌는 그런 정보들을 일일이 읽고 처리하느라 지쳐버리지요.

몇 시간 동안 인터넷 검색을 한 후 '이제 책 좀 읽어볼까?' 하고 책상에 앉으면 10분도 채 안 되어 졸음이 쏟아집니다. 사람들은 점점 참을성이 줄어들고, 피상적으로 읽으며, 긴 글을 읽어내지 못하게 됩니다. 그러다 보니 참을성이 부족하고 집중력이 짧아진 온라인 독자들을 위해 여러 매체들은 생산물을 짧게 쪼개어서 내놓고 있는 추세입니다. 영화, 텔레비전, 라디오 등도 내용을 쪼개어 유튜브에 올리고, 노래도 클라이맥스 부분만 보여줍니다. 오프라인 잡지들도 웹 사이트처럼 읽기 편하게 편집합니다. 훑어보기 편하게 요약용 글 상자를 만들고 사진 위주로 보기 쉽게 편집하지요. 신문 기사도 '카드 뉴스'라고 하여 핵심만 골라 읽기 쉽게 제공합니다.

셋째는 인터넷 과다 사용으로 인해 뇌가 점점 산만해지고 있다는 것입니다. 인터넷은 거미줄처럼 수많은 정보들이 엮인 형태, 즉 하이퍼텍스트 세상입니다. 학자들은 하이퍼텍스트들 사이를 배회하는 것이 인간의 뇌를 산만하게 하고 집중력을 저하시킨다는 연구 결과를 내놓고 있습니다. 처음 인터넷이 등장했을 때 많은 학자들은 하이퍼텍스트가 오히려 인간의 뇌를 창의적으로 이끌 수도 있지 않을까 기대했습니다. 나뭇잎의 잎맥처럼 뻗어나가는 연결망들이 뇌의 시냅스를 활발하게 만들지도 모른다고 생각한 것이지요.

하지만 수십 년이 지난 지금 학자들은 인터넷을 많이 사용하는 사람들이 점점 산만하고 집중력이 떨어진다는 데에 동의하고 있습니다. 웹 자체는 네트워크이지만 온라인 정보의 비트들을 관련시켜주는 하이퍼링크들은 우리 뇌의 시냅스와 같지 않다는 것입니다. 웹이 만들어낸 연결들은 우리 것이 아니며 우리가 아무리 많은 시간을 검색과 서핑에 쏟는다 해도 결코 웹의 연결이 우리 것이 되지는 않는다는 게 저자가 내린 결론입니다.

결국 사람들이 인터넷을 많이 사용할수록 독창적인 사고에 도전하기보다 관습적인 생각과 해결책에 의존할 가능성이 높아질 것입니다. 효율성은 높아지지만 비판적 사고, 상상력, 심사숙고하는 깊은 정신세계와는 멀어질 수 있다는 것입니다. 앞에서도 강조했

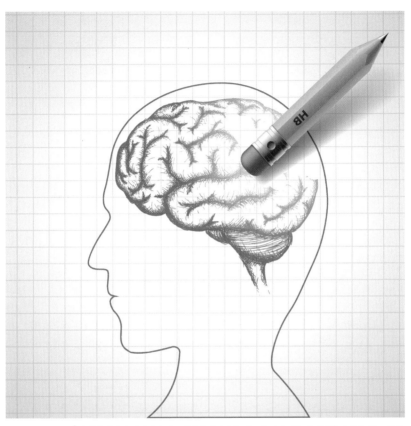

디지털 기기에 지나치게 의존하면서 사람들은 어느덧 인지 기능에 심각한 손상을 입고 있다.

듯이 우리는 기억을 함으로써 지적 능력을 향상시켜왔습니다. 그런데 인간이 인터넷을 기억을 대신해주는 보조물로 사용하다 보면 우리는 뇌를 텅텅 비게 하는 위험성을 안게 되고, 더 이상 생각하지 않아도 됩니다. 인공 지능화된 컴퓨터가 우리를 대신하여 생각해줄 테니까요. 이렇게 되면 인간의 섬세하고 고유한 공감, 열정, 심지어 도덕성까지 줄어들 수 있다고 저자는 경고합니다.

뇌는 휴식이 필요하다

그렇다면 이런 문제를 해결하기 위한 대안은 무엇일까요? 저자는 뇌도 휴식을 필요로 한다고 말합니다. 뇌는 외부적인 자극의 폭격을 받고 있지 않을 때 회복됩니다. 더 이상 끊임없이 이어지는 산만함을 처리하면서 작업하지 않아도 되니까요. 인터넷과 잠시 떨어져 있는 동안 뇌는 스스로 사유함으로써 우리의 사고를 통제하는 능력을 강화시킵니다.

2008년 말 《사이콜로지컬 사이언스》지에 발표된 실험을 보아도 알 수 있습니다. 30명을 뽑아 절반은 1시간 동안 숲이 우거진 호젓한 공원을 거닐고, 절반은 같은 시간 붐비는 시내 번화가를 걷게 한 후 인지 테스트를 치른 결과, 공원에서 보낸 그룹의 인지력이 향상되었습니다. 또 절반은 고요한 시골 풍경 사진을 감상하고, 절반은 도심 풍경 사진을 감상한 후 인지 테스트를 해본 결과도 마찬가지로 시골 풍경 사진을 본 그룹의 집중력이 높았습니다. 단지 사진을 본 것만으로도 뇌의 반응이 달라진 것이지요.

자연과의 단순하고 짧은 교류만으로도 인지 통제에 눈에 띄는 진전을 가져올 수 있다는 이 실험 결과가 우리에게 말하는 것은 무엇일까요? 오늘날 우리의 일상은 인터넷으로부터 벗어날 수 없습니다. 하지만 하루 중 몇 시간은 의도적으로 스마트폰과 떨어져서 잠시 산책을 하고 책을 읽으면서 사색할 시간을 가져야 합니다. 이것이 스마트폰 시대에 스마트해지는 방법입니다.

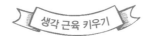

1. 저자는 "뇌는 우리가 사고하는 대로 바뀐다"고 말하고 있습니다.
   특히 우리가 어떤 도구를 어느 정도, 어떻게 사용하느냐가 뇌에 큰
   영향을 준다고 합니다. 지난 한 주 동안 스마트폰이나 컴퓨터를 통
   해 인터넷을 사용한 시간, 또 SNS에 접속한 시간이 얼마이고, 인터
   넷에서 주로 무엇을 했는지 적어보세요.

····>

도움말) 우리가 매일 하는 행동이나 생각이 뇌를 바꾼다는 것을 보여주는 두 개의 연구 결과가 있습니다. 첫째는, 영국 런던의 택시 운전사들의 뇌를 관찰한 결과입니다. 1990년대 후반 영국의 학자들은 2년에서 42년 사이의 경력을 지닌 런던 택시 운전사 열여섯 명의 뇌를 스캔했습니다. 스캔 결과, 택시 운전사들은 뒤쪽 해마, 즉 환경에 대한 개개인의 공간적 표현을 저장하고 조작하는 기능을 담당하는 부분이 평범한 사람에 비해 훨씬 넓다는 사실을 발견했습니다. 근무 연수가 많을수록 해마 뒤쪽의 공간이 넓었지요.

또 다른 실험도 있습니다. 피아노를 연주해본 경험이 전혀 없는 사람들을 모아 단순한 음의 멜로디를 연주하는 법을 가르쳤습니다. 그런 다음 이들을 두 개의 그룹으로 나누어 한 그룹은 5일 동안 키보드로 멜로디를 연습하도록 했습니다. 다른 그룹은 같은 기간 동안 건반을 건드리지 않고 멜로디를 연주하는 상상만 하도록 했지요. 연구자는 두 그룹의 사람들의 뇌 변화를 관찰했어요. 그랬더니 피아노를 치는 상상만 했던 사람들도 실제 건반을 친 사람들과 정확히 같은 종류의 뇌 변화를 보인다는 것을 알아냈습니다.

2. 인류의 지능은 더 향상되고 있을까요, 아니면 더 퇴보하고 있을까요? 책을 많이 읽지 않고 인터넷 등 새로운 미디어를 사용하면서 인류는 더 똑똑해지고 있다고 믿는 사람도 있고, 사람들이 더 이상 톨스토이의 『전쟁과 평화』와 같은 두꺼운 고전을 읽어내지 못하는 것으로 보아 퇴보하고 있다고 생각하는 사람도 있습니다. 어느 쪽 입장을 지지하는지 의견을 내어보세요.

·····>

도움말) 1980년대 뉴질랜드 심리학자 제임스 플린은 『지능이란 무엇인가』라는 책에서 지난 100년 동안 인류의 지능은 꾸준히 거의 대부분의 지역에서 상승했다고 밝혔습니다. 이 연구는 '플린 효과'로 불리면서 텔레비전, 비디오 게임, 인터넷 등으로 인해 멍청해진다는 논리를 반박하는 근거로 이용되었지요. 하지만 2007년 미국 교육부가 발표한 자료에 따르면 대학수학능력평가SAT에서 언어 영역 점수가 계속 떨어지고 있습니다. 2009년 영국에서 이루어진 연구에서도 10대의 지능검사 점수가 점차 떨어지고 있습니다. UCLA의 심리학자 페트리샤 그린필드는 《사이언스》지에 실은 미디어와 지능에 대한 논문에서 "지능의 상승은 주로 시각적 검사를 통해 이루어지는 비언어적 영역에 집중되어 있다"고 밝히고 있습니다. 이런 결과를 통해 볼 때, 우리 인류는 인터넷 사용으로 인해 시각적 예리함과, 컴퓨터 스크린과 같은 추상적인 공간에서 나타나는 자극들을 재빠르게 평가할 수 있는 능력들이 발달하고 있음을 알 수 있습니다. 즉, 우리는 조상들보다 '더 나은 뇌'를 가지고 있는 게 아니라 그저 '다른 뇌'를 지니고 있는 것입니다.

| | | | | 친 | 구 | 의 | | 글 | | | | | |

사람들은 이제 종이에 쓰인 글들을 읽기보다 모니터에 쓰인 글을 더 많이 접한다. 그러면서 문제가 생겼다. 바로 긴 글, 어려운 글을 잘 읽어내지 못한다는 것이다. 글이 빽빽한 책을 끝까지 읽어내기를 아주 힘들어한다. 이 책에서 스콧 카프라는 잡지사 출신의 인터넷 블로거는 책 읽기를 완전히 포기했다고 고백했다. 그 이유는 첫째, 읽는 방식이 변했기 때문이고, 둘째, 편의를 위해서만이 아니라 생각하는 방식 자체가 변했기 때문이라고 말했다. 스마트폰이나 컴퓨터 등으로 글을 읽는 방식의 변화가 생각하는 방식까지 바꾸고 있다는 말이 충격으로 다가온다. 이 말은 우리가 이제는 다른 뇌를 만들어가고 있고, 그렇게 되면 우리의 생각도 바뀐다는 말이다.

저자는 사람들이 더 이상 깊이 생각하지 않는다고 말한다. 스마트폰에 얼굴을 묻고 지내다 보니 사람들과 감정을 나누는 공감력이 떨어지고 심지어 도덕성에까지 문제가 생긴다고 주장한다. 마샬 맥루한이라는 학자가 1960년대에 "미디어는 메시지다"라는 말을 할 때만 해도 사람들은 기술이 사람을 변화시킨다는 말을 믿지 않았다. 그런데 우리 생활을 도와주는 편리한 도구가 이제 인간을 바꾸는 존재가 되었다.

따라서 우리는 화이부동和而不同의 자세를 취해야 한다. 사이 좋게

긴밀하게 지내면서도 무턱대고 따라 하거나 받아들이면 안 된다. 저자가 말한 대로 스마트폰을 내려놓고 자연과 지내고, 조용히 책을 읽는 시간을 가져야 한다. 또한 끊임없이 생각해야 하고, 어렵지만 긴 글을 읽어내는 능력을 길러야 한다. 이렇게 하면 거대한 전자 기기의 홍수 속에서 살아남을 수 있지 않을까?

_성현석(성남고등학교 2학년)

사회독서, 세상을 읽는 힘
❸ 환경과 미래 사회

© 2018 임성미

1판 1쇄 2018년 4월 27일
1판 3쇄 2020년 10월 20일

지은이 임성미
펴낸이 김정순
책임편집 오세은
디자인 김수진
마케팅 양혜림 이지혜

펴낸곳 (주)북하우스 퍼블리셔스
출판 등록 1997년 9월 23일 제406-2003-055호
주소 04043 서울시 마포구 양화로 12길 16-9 (서교동 북앤빌딩)
전자우편 editor@bookhouse.co.kr
홈페이지 www.bookhouse.co.kr
전화번호 02-3144-3123
팩스 02-3144-3121

ISBN 978-89-5605-969-3 44300
       978-89-5605-966-2 (세트)